_____ 님의 소중한 미래를 위해
이 책을 드립니다.

세상에서 가장 친절한
쇼펜하우어 철학 수업

쇼펜하우어와 친해지고 싶은 당신을 위한 안내서

세상에서 가장 친절한 쇼펜하우어 철학 수업

김선희 지음

메이트북스

메이트북스 우리는 책이 독자를 위한 것임을 잊지 않는다.
우리는 독자의 꿈을 사랑하고,
그 꿈이 실현될 수 있는 도구를 세상에 내놓는다.

세상에서 가장 친절한 쇼펜하우어 철학 수업

초판 1쇄 발행 2025년 6월 15일 | 지은이 김선희
펴낸곳 (주)원앤원콘텐츠그룹 | 펴낸이 강현규·정영훈
등록번호 제301-2006-001호 | 등록일자 2013년 5월 24일
주소 04607 서울시 중구 다산로 139 랜더스빌딩 5층 | 전화 (02)2234-7117
팩스 (02)2234-1086 | 홈페이지 matebooks.co.kr | 이메일 khg0109@hanmail.net
값 18,000원 | ISBN 979-11-6002-946-8 03100

잘못 만들어진 책은 구입하신 서점에서 교환해 드립니다.
이 책을 무단 복사·복제·전재하는 것은 저작권법에 저촉됩니다.

인간의 행복과 불행은 무엇으로
자신의 마음을 가득 채우느냐에 달려 있다.

- 아르투어 쇼펜하우어 -

| 프롤로그 |

가능하면 좀 덜 힘들게,
이왕이면 좀 더 행복하게!

사람은 행복해야 하는가? 인생은 행복할 수 있는가? 쇼펜하우어Arthur Schopenhauer는 샹포르의 잠언을 통해 자신이 장차 쓰고자 하는 행복론의 주제인 행복은 쉽게 얻을 수 있는 것이 아님을 예고한다.

"행복은 얻기 쉬운 것이 아니다. 우리 자신 안에서 행복을 얻기란 매우 어렵고, 다른 곳에서 행복을 얻기란 아예 불가능하다."[1]

행복이란 얻기 어려운 것이며, 그저 주어지는 것이 아니다. 행복은 스스로 얻어야 하는 것, 그것도 자기 자신 안에서 얻어야 하는 것이다.

인간이 행복을 얻기 어려운 이유는 인간이 우리 자신이기 때문이다. 우리의 운명은 우리가 인간이라는 데서 출발한다. 인간인 우리가 과연 행복할 수 있는가? 만일 행복할 수 있다면 어느 정도나 행복할 수 있는가? 마치 스핑크스 수수께끼 같은 이 물음에 대한 답을 찾아가는 데 누구보다 진지한 도움을 줄 수 있는 철학자는 쇼펜하우어다. 인간 행복의 여부는 인간의 정체성에 달려 있다. 인간이라는 우리의 정체성을 통해 우리가 행복하기를 바란다면, 우리에게 필요한 것은 인간의 정체 파악이다.

인간의 정체를 파악하는 것은 인간이 자신에게 주어진 운명에 복종하는 대신 그 운명의 차이를 만들 수 있는 알파이자 오메가다. 인간의 정체성은 인간의 삶이 염세적일지 낙관적일지의 근거다. 인간의 삶은 염세적 세계와 행복한 세계 사이 어디쯤 위치한다. 그리고 그 어디쯤을 규정하는 것은 우리가 우리 자신의 정체를 얼마나 인식하느냐에 달려 있다.

'삶의 철학자' 쇼펜하우어가 어떤 철학자보다도 치밀하게 고찰하는 것은 우리 인생의 야누스적 양면성이다. 그는 인생의 아름다운 면만이 아니라 흉한 복병까지도 균형감 있고 적나라하게 포착한다. 나아가 이 양자를 가능하게 하는 근본 원리를 깊이 고찰한다. 그리하여 인생이 지닌 양면성의 정체를 밝혀간다. 이러한 고찰의 결실이 쇼펜하우어의 삶철학이자 인생철학이다. 바로 이러한 이유로 쇼펜하우어는 가능하면 좀 덜 힘들게, 이왕이면 좀 더 행복하게 살고자 하는 사람을 위한 삶의 지혜를 우리와 나눌 수 있는 철학자다.

힘들고 고통스러운 인생의 염세주의적 복병을 관통해가는 힘을 지닌 쇼펜하우어의 행복론을 알아가기 위해 이 책에서 필자는 출판 당시 대중의 사랑을 한 몸에 받은 쇼펜하우어 말년의 철학에세이 『소품과 여록Parerga und Paralipomena』을 다루고자 한다. 특히 두 권(총 37편) 중 제1권(Band 1)에 수록된 6편의 소품 중 마지막 소품, 즉 여섯 장으로 이루어진 여섯 번째 소품의 제1장부터 제4장까지를 주목하고자 한다. 제5장과 제6장은 별도의 지면이 필요한 까닭에 이번 필자의 글에는 담지 않을 것이다.

여섯째 에세이 제목은 〈삶의 지혜를 위한 아포리즘Aphorismen zur Lebensweisheit〉이다. 이 에세이는 단행본으로 출간될 정도로 많은 사람의 관심을 끌어왔다. 그 관심의 중심에는 '가능한 한 쾌적하고 행복하게 살아가는 기예'를 다루고 있는 쇼펜하우어의 '행복론의 지침'이 자리한다. 쇼펜하우어의 행복론Eudämonologie은 〈삶의 지혜를 위한 아포리즘〉의 중심 철학이다. 행복론은 하나의 지침이자 사용 설명서Anweisung다. 행복한 인간, 즉 행복한 현존재를 위한 쇼펜하우어식 인생 사용 설명서로서 그의 행복론은 인간과 세계에 대한 염세적 통찰을 기반으로 할 때 실현이 가능하다. 현존재로서 인간 삶의 고달픔에 대한 근거를 고찰하는 일은 현존재 행복론의 핵심 열쇠가 된다.

이 책의 필자는 쇼펜하우어 행복론의 중심을 이루는 화두로서 인간 운명의 차이를 만드는 세 가지 요소, 즉 인간의 정체성, 인간의 소유물, 인간의 표상을 오늘날 우리의 상황과 접목해 고찰하고자 한다. 쇼펜하우어가 인간의 행복이나 안녕을 위해서 먼저 주목하는 것은 인간의 정체성, 특히 광의의 의미에서의 인격이다. 쇼펜하우어가 인간이 진정 질투할 만한 것은 재미있는 사건이 아니라 어떤 일을 재미있게 느낄 수 있는 인간의 능력임에 주목할 때, 그의 행복론에서 인간 정체성이 지니는 최우선 순위가 그대로 드러난다.

한 걸음 더 나아가 운명의 차이를 만들 수 있는 둘째 근거로서 인간이 가진 것으로, 특히 부에 추가해 쇼펜하우어는 인간의 세 가지 욕구를 성찰한다. 여기서 그는 무한대의 욕구가 부르는 무한대의 고생에 주목함으로써 욕구와 소유물 사이에서 인간이 반드시 치러야 하는 대가인 인간의 고생을 우리에게 자세히 보여준다. 그리고 쇼펜하우어가 인간 운명의 차이를 만드는 마지막 근거로 제시하고 있는 인간의 표상, 즉 명예, 지위, 명성과 같은 사회적 평판이 우리의 행복에 미치는 영향을 필자는 나르시스에 빗대어 살펴본다.

2부에서 필자는 쇼펜하우어의 행복론을 관통하는 염세적 현실과 이에 대한 인간의 부단한 몸부림 사이의 역설적 현상을 포착해본다. 분명 열심히 살았으나 더 행복해지지 않는 인생의 역설적 현상을 지루함이라는 현상을 통해 해부한다. 궁핍에서 벗어나자마자 우리를 방문한 낯선 손님인 여유, 그리고 여유의 복병인 지루함에 대한 쇼펜하우어의 흥미로운 시선을 오늘날 우리의 일상과 접목해 풀어본다.

그리고 마지막으로 3부에서는 우리 일상의 소소한 풍경이 아니라 우리 인생의 파괴적인 불청객으로 변모한 지루함과의 싸움의 기예로서 제시된 '향유'를 지루함 해소제의 관점에서 해석해본다. 특히 쇼펜하우어가 제시하는 세 가지 향유의 종류와 이를 가능하게 하는 인간 내에 있는 세 가지 원천을 살펴봄으로써 시간 죽이기 기술을 대체할 인생 살리기 기예를 소개하고자 한다.

필자는 이와 같은 쇼펜하우어의 행복론을 고찰하기 위해 염세적 세계의 근거에 대한 철학적 통찰을 담고 있는 그의 주저 『의지와 표상으로서의 세계』도 때로 같이 고찰할 것이다. 쇼펜하우어의 주저 『의지와 표상으로서의 세계(1819)』와 명저 『소품과 여록(1851)』의 관계는 쇼펜하우어 인생철학의 원전과 참고문헌 간의 관계와 같다. 인간의 삶과 세상에 대한 철학적 통찰이 좀 더 빛나는 저서가 전자라면, 철학적 통찰로 추상화된 우리의 일상을 좀 더 현장감 있게 구체적으로 묘사한 저서가 후자다. 그러나 이와 같은 관계는 역전될 수 있다.

위 책의 저자인 쇼펜하우어는 순수한 학자이기도 하지만 이러한 세계에서 이러한 인간의 모습으로 살아가는 이러한 인간, 즉 현존재$_{Dasein}$다. 철학에서 현존재 개념은 실존$_{existentia}$을 뜻하는 라틴어의 독일어 번역어에서 비롯되었다. 쇼펜하우어는 인간의 고유한 정체를 표현하기 위해 현존재 개념을 선택한다. 그는 '존재$_{Sein}$' 앞에 '현$_{Da}$', 즉 특정성, 특히 특정 시간, 공간, 상황의 제약에 주목한다.

인간의 고유한 정체성을 담기 위해 쇼펜하우어가 사용하고 있는 현존재 개념은 그의 주저뿐만 아니라 그의 명저에서도 빈번히 사용되는 주요 철학 개념이다. 이러한 현존재로서 인간의 물음에 대한 쇼펜하우어의 생생한 실천적 지혜가 바로 후자인 『소품과 여록』이며, 이에 대한 이론적 진리가 『의지와 표상으로서의 세계』라고도 할 수 있다. 이 두 저서가 맞물릴 때 쇼펜하우어의 인생철학은 염세주의와 행복론을 생생하게 아우르며 인생의 지혜와 진리에 두루 다가가는 인생의 풍요로운 동반자가 될 것이다.

쇼펜하우어의 행복론은 인간의 이성을 맹신하는 낙관적 행복론이나 인간의 본능을 적으로 세우는 자멸적 비관론과도 구분된다. 이는 쇼펜하우어의 염세주의에도 마찬가지로 적용된다. 쇼펜하우어는 냉소적인 염세주의자도 아니고, 이상주의적 행복론자도 아니다. 쇼펜하우어에게 중요한 것은 인간의 삶을 직시하는 것이자 현존재로서 인간의 삶의 장소인 세상의 정체를 낱낱이 밝혀 보는 일이다.

이 책은 철학책이다. 필자에게 철학은 삶이 인간에게 던진 물음을 이 삶을 통해 성찰하고 실천하는 현존재인 인간의 이론적 태도이자 실천적 활동을 의미한다. 쇼펜하우어의 주저와 명저를 관통하는 것은 그의 철학이다. 쇼펜하우어는 고찰$_{Betrachtung}$이라는 방식으로 인간의 삶을 누구보다 깊고 넓게 파악한 철학자다. 필자는 이 책에서 철학자 쇼펜하우어의 행복론에 그의 아포리즘 방식으로 접근함으로써 가능하면 좀 덜 힘들게, 이왕이면 좀 더 행복하게 살고 싶은 이들이 삶의 지혜와 기예에 좀 더 수월하게 다가갈 수 있길 고대해본다.

김선희

차례

프롤로그_가능하면 좀 덜 힘들게, 이왕이면 좀 더 행복하게!　　6

1부
인간 운명의 차이를 만드는 세 가지

1장 인간 운명의 차이를 근거 짓는 세 가지 근본규정

삶의 지혜가 말하는 인간 주관의 운명　　23
운명은 단일한 신이 아닌 세 명의 여신에 의해 좌우된다　　28
인간 운명의 차이를 위한 필수 아이템을 리뉴얼하다　　29

2장 인간 운명의 차이를 만드는 인간의 정체성

첫째 근본규정: 인간의 정체성(가장 넓은 의미에서의 인격)　　35
재미있는 사건 대신 사건 재미있게 겪을 줄
아는 능력을 질투하라　　41

쇼펜하우어의 행복철학은 주관철학이다 47
실재의 왕 vs 무대 위의 왕, 인격 vs 소유물 51
부자에게 없는 것, 부자의 주객전도 54
쇼펜하우어, 자전적인 경험을 철학하다 62

3장 인간 운명의 차이를 만드는 인간의 소유물

"이 재앙에서 저를 구해주소서!" 69
인간이 가진 것과 인간의 세 가지 욕구 72
인간의 첫째 욕구: 먹을 것과 입을 것에 대한 욕구 73
인간의 둘째 욕구: 성적 충족의 욕구 74
인간의 셋째 욕구: 사치, 호사, 부귀영화에 대한 욕구 81
가성비보다는 가심비가 더 중요해지는 사회 88
"오늘은 내 것이다"라고 외치는 게 꼭 불가능한 것은 아니다 92

4장 인간 운명의 차이를 만드는 인간의 표상 (사회적 평판)

인간이 표상한 것 & 그것의 부류인 명예, 지위, 명성 97
쇼펜하우어 철학의 시작, '세계는 나의 표상이다' 98
고양이를 쓰다듬으면 고양이는 갸르릉거린다 100
'내 멘탈은 나의 것'으로 만드는 행복의 기예 110
우리를 불행으로 직행하게 만드는 망상 116
내 근심의 반은 눈칫밥! 다른 사람의 견해에 대한 염려 120
나를 지배하는 3대 표상 중, 지위(가장무도회의 가면) 126

| 명성과 명예를 쌍둥이로 표현한 이유 | 131 |
| 삶의 고달픔을 품은 쇼펜하우어의 행복론 | 136 |

2부

열심히 살았기에 더 지루하다

1장 궁핍을 면하자 나타나는 더 무서운 적, 지루함

궁핍 뒤 여유의 첫 얼굴, 지루함	149
낯선 손님의 수수께끼, '남는 시간을 어떻게 보낼 것인가?'	153
삶에의 의지의 보조도구이자 표상 세계의 출처인 '이성'	156

2장 인생의 두 가지 적, 고통과 지루함

열심히 살면 될 줄 알았던 인생의 배신	167
인간 행복의 두 가지 적인 고통과 지루함의 악순환	171
첫째 수수께끼: '고통과 지루함'의 외적이거나 객관적인 대립	174
둘째 수수께끼: 고통과 지루함의 내적이거나 주관적인 대립	182
더 완벽한 삶을 원할수록 더 염세적인 삶으로 향할 것이다	192

3장 지루함 해소를 위한 삶의 기예, 향유의 세 유형

누구나 사용 가능한 '지루함과의 싸움'의 기예	**199**
시간 죽이기 대신 시간 살리기 놀이, 향유의 조건부	**203**
먹기, 마시기, 잠자기: 재생력 향유의 기예	**210**
걷기, 뛰기, 춤추기: 신체적 자극 향유의 기예	**214**
정관하기, 생각하기, 철학하기: 정신적 감수성 향유의 기예	**217**
우리가 어떻게, 어느 정도로 사용하는가가 향유의 관건	**223**
필리스터, 즉 속물이란 정신적 욕구가 없는 인간이다	**225**
향유는 명사가 아니라 동사인 이유	**231**

에필로그 _ 고된 삶에 대한 행복한 인생 사용 설명서	**234**
미주	**240**

1부

인간 운명의 차이를 만드는 세 가지

1장

인간 운명의 차이를
근거 짓는
세 가지 근본규정

삶의 지혜가 말하는
인간 주관의 운명

인간은 누구나 운명의 차이를 만들고자 한다. 언젠가 죽을 수밖에 없는 존재$_{mortal}$는 곧 인간을 의미했다. 죽는다는 것은 인간이 피할 수 없는 운명에 속한다.

필멸의 존재는 죽지 않는 불멸의 존재$_{immortal}$인 신에 대비되는 인간의 자기규정이었다. 유한성은 인간의 오래된 운명에 속했고, 인간은 끝없이 자신의 운명에 도전함으로써 이 운명의 차이를 만들고자 해왔다. 따라서 인간이 지닌 유한한 운명의 동일성에서 차이를 내고자 하는 인간의 자기 도전은 인간의 가장 오래된, 가장 오래 갈 운명에 속할 것이다.

운명에 복종하며 동일한 삶을 살기보다는 운명의 차이를 만들

〈운명의 세 여신(The Three Fates)〉 또는 〈모이라이(Moirai)〉.
1910, 알렉산더 로타우그(Alexander Rothaug)

유한성은 인간의 오래된 자기 운명에 속했고,
인간은 끝없이 자신의 운명에 도전함으로써
이 운명의 차이를 만들고자 해왔다.

어 다른 삶을 살고자 하는 인간의 오래된 도전이자 전투의 장소는 바로 인간 자신 내부다. 쇼펜하우어는 자신의 행복론, 〈삶의 지혜를 위한 아포리즘〉을 샹포르의 잠언인 "행복은 얻기 쉬운 것이 아니다. 우리 자신 안에서 행복을 얻기란 매우 어렵고, 다른 곳에서 행복을 얻기란 아예 불가능하다"라는 문구로 시작함으로써 인간이 얻기 어려운 행복을 얻을 수 있는 유일한 장소가 인간 자신의 내부임을 명시한다.

인간의 행복을 얻을 수 있는 유일한 곳은 인간 자신의 정체성인 현존재$_{Dasein}$다. 현존재로서 인간 자신의 내부로 들어가기 위한 열쇠는 쇼펜하우어 철학의 출발점이자 종점인 주관$_{Subjekt}$으로서 인간이다. 쇼펜하우어의 철학은 바로 현존재 철학이자 주관철학이다. 따라서 인간의 행복도, 인간의 고통도 자신의 주관을 제대로 고찰할 때 그 정체가 제대로 드러난다. 주관은 정도의 문제이긴 하지만 쇼펜하우어 철학이 그의 주저『의지와 표상으로서의 세계』를 삶의 진리라는 모습으로, 그의 명저『소품과 여록』을 삶의 지혜라는 모습으로 드러내, 인생의 양극단을 하나의 모습으로 아우를 장소다.

인간은 누구나 인간임을 부정할 수 없다. 현존재로서 인간이 바로 인간의 운명이자, 이 운명의 차이를 만드는 장소다. 그리고 그 차이를 만드는 것도 바로 인간 자신, 즉 주관이다. 인간의 주관은 인간의 운명이다. 인간이 덜 고통스럽고 더 행복하고자 한다면, 가장 먼저 정복해야 할 곳은 바로 인간 자신, 즉 주관의 정체다. 이 주관의 정체를 삶의 지혜 차원에서 다루는 것이 지금 우리가 살펴보는 쇼펜하우어의 행복론이다. 그리고 삶의 진리 차원에서 주관을 고찰하는 것이 『의지와 표상으로서의 세계』라고 할 수 있다.

쇼펜하우어는 주관의 정체를 통해 인간의 운명의 차이를 가르는 세 가지 근본 규정으로 삶의 지혜를 제시한다. 따라서 이 세 가지 근본규정을 우리는 진심으로 고찰해볼 필요가 있다. 이 고찰은 우리가 좀 덜 고통스럽고 좀 더 행복한 삶을 살아가도록 하는 기예를 위한 사용 설명서를 우리와 공유할 것이다.

인간 운명의 차이는 세 가지 근본규정, 즉 '인간의 정체성, 인간이 가진 것, 인간이 표상한 것'에 근거한다. 규정이 아닌 근본규정이라는 표현에 주목할 필요가 있다. 근본적인 것은 인간의 뿌리와 같기에 그 규정은 근본이자 근거 짓는 것이다. 뿌리가 뽑히면 식물이 살 수 없듯이 인간의 삶은 이 세 가지에 의해서 근거 지어진다. 이 세 가지 근본규정에 의해 인간이라는 주관의 희로애락이 좌우된다.

물론 이는 삶의 지혜 차원에 국한된다. 그럼에도 쇼펜하우어는 삶의 지혜인 행복론의 곳곳에 삶의 진리에 해당하는 철학적 용어들을 절제해서 사용한다.

> - **첫째 근본규정**: 인간의 정체성(Was Einer ist), 가장 넓은 의미에서의 인격.
> - **둘째 근본규정**: 인간이 가진 것(Was Einer hat)
> - **셋째 근본규정**: 인간이 표상한 것(Was Einer vorstellt)

쇼펜하우어가 인간 운명의 차이를 위한 세 가지 근거로서 인간의 정체성에 해당하는 인격 이외에 인간의 소유물이나 인간의 표상을 넣은 것은 예상 밖의 선택이다. 특히 셋째 근본규정으로 인간 자신이 표상한 것, 즉 남의 눈에 비친 인간의 모습이 포함된 것은 쇼펜하우어의 행복론이 삶의 지혜를 이야기하고 있는 것답게 매우 경험적인 현실에 기반한다는 점을 예고한다.

이처럼 인간의 행복론을 가능하게 하는 삶의 지혜이자 기예를 구사하기 위해 근본적으로 인간이 알아채고 챙겨야 하는 세 가지 근거는 인간의 정체성(광의의 인격), 인간의 소유물, 인간의 표상이다. 이것들은 인간의 삶이나 생존에 불가피하고 필연적이다.

운명은 단일한 신이 아닌
세 명의 여신에 의해 좌우된다

신화 속 '운명'의 형상은 전혀 느슨하지 않다. 운명의 기원을 거슬러 올라가보면, 그리스 신화 속 운명fati은 세 명의 운명의 여신을 통해 자신의 정체를 드러낸다. 모이라이moirai는 원래 인간의 수명 할당, 더 나아가 죽음이나 생명의 할당으로서 '각자가 받은 몫'이라는 뜻의 모이라moira가 신격화된 이름이다. 운명이 단일한 신에 의해서 결정되는 것이 아니라 세 명의 여신에 의해 좌우된다는 점은 쇼펜하우어가 운명의 근본규정을 세 가지로 본 것과 일맥상통한다. 운명은 단일하지 않고 복수적으로 구성된다.

우선 신화 세계로 들어가 운명의 세 가지 정체를 세 명의 여신을 통해 살펴보자.

- 운명의 첫째 여신: 인간의 운명의 실을 잣는 클로토. 생명의 탄생을 관장하는 여신이다.
- 운명의 둘째 여신: 인간의 생명의 길이를 할당하는 실을 감는 라케시스. 운명의 실의 길이, 즉 수명을 측정한다.
- 운명의 셋째 여신: 인간의 생명의 실타래를 자르는 아트로포스. 인간의 죽음의 시기와 방법을 결정해 가차 없는 가위질로 인간의 생명을 다시 거두어들인다.

이처럼 고대로부터 전해지는 인간 운명의 세 요소는 탄생과 삶 그리고 죽음으로 나뉜다. 태어남, 삶, 죽음은 인간인 이상 누구도 피할 수 없는 필연적이며 불가피한 운명으로 규정된 것이다.

 그러나 신화에서 인간 운명은 '태어나고, 살고, 죽는다'는 세 가지 범주·형식뿐만 아니라 언제 태어나고, 얼마나 살고, 언제 어떻게 죽을지에 관한 내용까지 운명의 여신들에 의해서 결정된다. 따라서 신화에서 인간의 운명은 인간 스스로 자신의 운명을 만들 여지가 별로 없다.

인간 운명의 차이를 위한
필수 아이템을 리뉴얼하다

쇼펜하우어의 행복론은 인간의 운명을 단지 탄생과 삶 그리고 죽음의 필연성에 두는 신화적 운명관의 세 가지 범주에 의존하지 않는다. 그는 인간 운명의 세 축을 인간의 정체성과 인간의 소유물 그리고 표상, 즉 남의 눈에 비친 인간의 모습으로 새롭게 규정한다. 자신이 누구인지, 자신이 무엇을 가졌는지, 타인에게 비친 자기 모습이 어떤지를 하나하나 따져보는 일은 누군가가 덜 고통스럽고, 더 행복해지고자 한다면 가장 먼저 챙겨야 할 필수 아이템이다.

  흥미로운 사실은 쇼펜하우어의 운명의 세 가지 범주가 신화적 운명의 범주와 변별성을 지니는 데서 그치지 않는다는 점이다. 신화적 세 가지 운명관에서는 이미 신들에 의해서 인간 운명의 범주가 세 가지로 정해져 있을 뿐만 아니라 그것의 각 범주의 내용까지 정해져 있다. 신화적 운명의 세 범주처럼 쇼펜하우어의 운명의 범주의 종류도 세 가지라는 점만이 동일할 뿐이다.

  쇼펜하우어의 세 가지 범주에는 탄생과 죽음은 더 이상 포함되지 않고, 다만 삶을 관통하는 또 다른 세 가지 범주가 제시된다. 그것의 구체적인 내용은 신화적 범주의 내용처럼 미리 결정되지 않는다. 여기서 놓치지 말아야 할 것은 이 세 가지 범주와 더불어 그것의 내용이 운명의 차이를 낸다는 데 있다.

  신화적 세계관에서 보면, 운명은 여신들에 의해 이미 결정된 것이다. 그렇기에 달라질 수 없으며, 차이를 낼 수도 없다. 그러나 쇼펜하우어는 운명의 개념을 비틀어버린다. '운명$_{Los}$'과 '차이$_{Unterschied}$', 함께할 수 없는 두 의미 영역을 뒤섞어버린다. 필연성의 틈이 벌어지는 곳에 차이가 생긴다.

  과연 운명의 동일성이 아니라 운명의 차이는 어떻게 파생할 수 있을까? 이 가능성은 바로 쇼펜하우어의 염세주의와 행복론이 뫼비우스 띠처럼 연결되는 경험적 지점에서 탄생한다. 그것은 세 가지 근본규정의 범주 형식이 아니라 내용의 미결정성에서 시작한다. 우리는 운명의 범주와 더불어 그 내용을 포착함으로써 우리가 좀 덜 고통스럽거나 더 행복할 수 있을 운명의 차이를 가능하게 하는 삶의 지혜와 기예를 살필 수 있을 것이다.

2장

인간 운명의
차이를 만드는
인간의 정체성

첫째 근본규정:
인간의 정체성(가장 넓은 의미에서의 인격)

사람이 같은 운명에 갇혀 살지, 아니면 스스로 운명의 차이를 만들지를 결정하려면 무엇보다도 자기 운명의 정체를 파악할 수 있어야 할 것이다. 쇼펜하우어는 우선 운명의 세 가지 근본규정을 제시한 후 이 규정들에 속하는 부류를 우리에게 밝힌다.

  그가 근본규정을 소개하는 데 그치지 않고 그것에 속하는 부류들까지 세부적으로 제시하는 이유는 인간 운명의 근본규정이나 이에 속하는 부류들 자체의 형식뿐만 아니라 그 내용을 주시하기 때문일 것이다. 즉 운명의 차이를 근거 짓는 것은 인간 정체성의 존재 여부가 아니라 그 정체성의 내용, 즉 어떤 정체성을 갖는가가 더 중요하다.

> - 인간 정체성의 부류: 건강, 힘, 아름다움, 기질, 도덕적 성격, 지성, 지성의 함양
> - 인간이 가진 것의 부류: 재산과 소유물
> - 인간이 표상한 것의 부류: 명예, 지위, 명성

인간 운명의 차이를 근거 짓는 근본규정을 쇼펜하우어는 부류 Rubrik라는 용어로 표현한다. 그는 철학 개념인 범주 Kategorie 대신에 부류라는 용어를 사용한다. 1순위 근본규정, 인간의 정체성의 부류로 쇼펜하우어는 도덕적 성격, 지성, 나아가 지성의 함양뿐만 아니라 건강, 힘, 아름다움, 기질 등을 제시한다. 그는 인간의 정체성에 인간의 윤리적이고 지성적인 면모, 즉 정신적인 면모 이외에도 신체적이거나 심미적인 면모를 포함한다.

정체성의 유무가 아니라 '어떤' 정체성인가가 관건

이때 우리가 통찰해야 하는 지점은 인간의 정체성이라는 근본규정 자체가 아니라 그것의 내용, 즉 어떤 정체성을 지니는가에 있다. 따라서 인간의 정체성 자체보다는 인간의 정체성을 이루고 있는 그것의 부류에 속하는 내용으로서 어떤 '건강, 힘, 아름다움, 기질, 도덕적 성격, 지성, 지성의 함양'을 지니는지가 더 실질적인

것이다. 내가 어떤 건강, 어떤 힘, 어떤 아름다움, 어떤 기질, 어떤 도덕적 성격, 어떤 지성, 어떤 지성의 함양을 지니는가가 내 운명의 차이를 근거 짓는다. 이와 같은 정체성의 부류들은 모든 인간이 공통으로 지니고 있지만, 모두에게 이 부류의 항목들이 동일한 정도로 있지는 않을 것이다.

인간이라면 누구나 정체성을 지닌다는 점에서는 동일하지만 어떤 정체성을 지니는지는 동일하지 않다. 따라서 모두 동일한 정체성을 지니지 않듯이, 누구나 똑같은 건강, 똑같은 아름다움, 똑같은 기질, 똑같은 도덕적 성격, 똑같은 지성, 똑같은 지성의 함양을 지니는 것은 아니다. 각자 지닌 인간 정체성의 부류의 정도는 다르다.

바로 이와 같은 정체성의 부류들이 지닌 정도의 차이가 사람마다 지닐 운명의 차이를 근거 지을 것이다. 그리고 우리의 관심사인 좀 덜 고통스럽고 좀 더 행복할 수 있을, 행복한 현존재의 정도 차이를 근거 지을 것이다.

여기서 주목할 점은 쇼펜하우어가 인간 운명의 차이를 내는 최우선에 인간의 정체성과 이에 속하는 부류를 자리매김시킨 이유다. 주지하다시피 인간의 삶을 덜 염세적이고 더 행복하게 하는 첫째 근거를 쇼펜하우어는 인간 외부가 아닌 인간 내부에서 찾는다. 이 점은 쇼펜하우어의 삶의 지혜와 마찬가지로 삶의 진리에도 적용된다. 그는 의지와 표상으로 세계를 고찰('고찰'이라는 말은 쇼펜하우어의 중요한 철학적 방법을 담고 있는 개념이기에 그대로 살려서 사용하고자 한다.)하는 그의 주저에서도 세계의 근거를 인간 주관, 인간 자신의 인식하기$_{Erkennen}$에서 찾는다. 인간의 내부에서 세계의 근거를 찾는 것은 쇼펜하우어의 주저와 명저에서 공통적이다.

나의 안녕의 제일 출처는 나의 내부

따라서 인간 운명의 차이를 근거 짓는 세 가지 근본규정 중에서 가장 인간 내적인 것이 정체성이자 광의의 인격이다. 인간의 소유물이나 사회적 평판 등은 인간의 외적인 것에 해당한다. 둘째와 셋째 근본규정이나 이에 수반되는 부류들은 인간 자신 내에 있는 것이 아니라 인간 외부에 있는 것이다. 그러므로 인간 내부에 있는 것은 자신에게 더욱 직접적인 것이기에 인간 외부에 있는 더 간접적인 것에 비해 남의 손을 덜 탄다. 그래서 쇼펜하우어는 우리에게 이렇게 말한다.

"물론 인간의 안녕, 심지어 인간 현존재의 전체 방식을 위해 인간에게 가장 중요한 일은 명백히 인간 자신 안에 현존하거나 거기에서 일어난다. 무엇보다도 그의 감성, 의욕, 생각의 결과라고 할 수 있는 인간의 내적인 유쾌함이나 불쾌함은 말하자면 인간 자신에게 본질이 있기 때문이다. 반면에 일체 외부 것은 인간에게 간접적인 영향을 미칠 뿐이다. 그러므로 동일한 외적인 과정이나 상황일지라도 사람마다 전혀 달리 작용하며, 같은 환경임에도 각자 다른 세계에 산다. 왜냐하면 모든 사람은 오로지 자신의 표상, 감정, 의지운동과 직접적으로 관계하고, 외부 사물은 그것들을 유발하는 한에서만 자신에게 영향을 미치기 때문이다."[2]

인간의 안녕을 위해 가장 중요한 일이 현존하고 일어나는 곳이 바로 인간 자신 내부다. 그러나 현실적으로 우리 자신의 안녕을 위해 우리가 더 주력하는 것은 우리의 외부, 즉 우리의 재산이나 우리의 이미지다.

쇼펜하우어는 우리의 내부가 우리의 안녕을 위한 주안점임을 단호히 강조한다. 인간이 그토록 바라는 인생의 유쾌함이나 그토록 피하고자 하는 불쾌함의 출처는 우리 외부보다는 우리 내부에 더 본질적으로 자리한다.

'나의 내부인가 외부인가' 문제는 우선순위 문제

인간의 안녕을 좌지우지하는 우리 내부란 바로 우리 자신의 감성이자 의욕이자 생각이다. 내가 어떤 감성, 어떤 의욕, 어떤 생각을 지니는지에 따라서 우리가 어떤 안녕을 지닐지에 직접적인 영향을 미친다. 우리 내부 것에 비해 우리 외적인 것, 즉 소유한 것이나 타인의 시선과 같은 것이 우리 자신의 희로애락에 미치는 영향은 간접적이다.

우리가 원하는 더 행복한, 덜 염세적인 세계는 우리 외적인 것보다 우리 내적인 것에 의해 더 결정적인 영향을 받는다는 것을 알 수 있다. 그리하여 동일한 외적인 상황에서도 어떤 사람은 행복하게 느끼는가 하면 다른 사람은 불행하게 느끼게 된다. 우리 자신이 살고 있는 세계의 정체성에 더 결정적인 영향력을 행사하는 것은 우리 자신이 어떤 표상, 어떤 감정, 어떤 의지운동을 하는가에 달려 있다.

이 모든 것은 바로 우리의 외부가 아닌 우리 자신 안에 있는 것이자, 전적으로 우리 자신에게 속하는 것이다. 그러므로 덜 고통스럽고 더 행복해지기 위해서는 우리가 우리 내부와 우리 외부 중 어느 것에 더 관심을 둘지의 문제에 관해 보다 더 진심이고 진지해야 할 것이다.

물론 이 양자는 양자택일의 문제가 아니라 우선순위의 문제다. 그러므로 이들 중 어느 것을 우위에 놓는가의 문제이지, 결코 하나를 선택하고 다른 하나를 버리는 문제는 아니다.

재미있는 사건 대신
사건을 재미있게 겪을 줄 아는 능력을 질투하라

인간의 세계관이나 운명은 인간의 것이므로 세계와 운명의 당사자인 인간 자신이 자신의 세계와 운명의 최우선 근거다. 따라서 쇼펜하우어는 우리가 살면서 진정 부러워해야 할 것은 누군가의 재미있는 사건이 아니라 사건을 재미있게 파악할 줄 아는 누군가의 이해력이라고 통찰한다. 재미있는 사건은 재미의 출처가 외적인 것에 기인하는 듯이 보이지만 실상은 그것을 재미있게 파악할 수 있는 내적인 능력, 즉 인간이 지닌 정체성에 기인한다.

재미의 정도는 인간 외적인 사건 자체의 특성에 비례하는 것이 아니라 사건을 인식하는 인간 내적인 파악능력의 정도에 비례한다. 이에 근거해서 쇼펜하우어가 현존재로서 인간의 염세적 운명을 행복한 운명으로 바꾸는 그 차이의 첫째 근본규정으로서 인간의 정체성을 점찍은 것이다. 이러한 사실을 인식한다면, 우리는 SNS에 올라온 멋져 보이는 누군가의 일상을 부러워하기보다는 일상을 멋지게 살아가는 그 사람의 능력을 예의주시하는 것이 더 현명한 처사일 것이다.

진정 부러워할 것은 소유물이 아닌 인격이나 개성

실상 인간이 은밀히도 더 질투하는 것은 외적인 것이 아니라 인격의 장점과 같은 인간 내적인 것이다. 누군가의 인격과 같은 내적인 것은 누군가의 소유물보다 자기 것으로 만들기 훨씬 더 어렵거나 때로는 불가능하게 느껴지기 때문이다. 그래서 우리는 누군가의 소유물에 대한 질투보다 그 사람의 인격이나 개성에 대한 질투를 더욱 숨기는 것이다. 부러워하면 지는 싸움의 진정한 대상은 소유물이나 이미지가 아니라 바로 부러워하지 않을 수 없는 인격이자 개성이다.

그래서 우리는 전적으로 외부에서 닥친 불행을 자기 과실적 불행보다 더 차분하게 견딘다. 외적으로 초래된 불행은 남 탓이라도 할 수 있지만 자신에게서 비롯된 불행은 자신을 바꾸는 것밖에는 다른 도리가 없다.

그런데 우리는 우리 자신 내부를 바꾸는 것의 중요성에 대한 이

해나 관심이 부족하기 십상이다. 그리하여 나 자신 내부에서 속수무책이 된 불행으로 인해 더 난감해지고, 더욱 좌절하게 되기도 한다. 그리고 그것은 다름 아닌 내 탓이니 우리는 은밀히 홀로 전전긍긍하기 마련이다.

가장 직접적으로 가장 행복하게 하는 건 감각의 명랑성

이러한 불가항력적인 불행의 초래를 예방하려면 외적인 자산이나 명예를 소유하기보다는 주관적 자산, 즉 고귀한 성격, 유능한 두뇌, 행복한 기질, 명랑한 감각, 튼튼하고 충분히 건강한 신체$_{Leib}$와 같은 내적인 것의 촉진과 유지에 더 유념해야 한다. 이러한 내적인 자산 중 가장 직접적으로 우리를 행복하게 하는 것을 쇼펜하우어는 '감각의 명랑성'이라고 한다.

감각의 명랑성은 즉각적인 보답을 준다. 쇼펜하우어는 이와 같은 감각의 특성은 다른 자산으로 대체 불가함을 주목한다. 인간이 행복한지 아닌지의 척도는 명랑성의 여부다. 따라서 때로 우리는 진지한 숙고나 중요한 걱정이 명랑성 때문에 방해받을까 봐 두려워하기도 한다. 하지만 그와 같은 숙고와 걱정이 무엇을 나아지게 할지란 불확실하지만 명랑성이 주는 이득은 직접적임을 주목해야 할 것이다.

신체적 활동과 정신적 활동의 부조화가 초래하는 것

　이러한 명랑성에 가장 이바지하는 것은 부가 아니라 건강이다. 높은 수준의 온전한 건강을 위한 수단은 과잉과 방탕, 모든 격하고 불쾌한 마음의 동요, 또한 너무 과하거나 너무 지속적인 정신적 긴장을 피하는 것이다.

　이때 주지해야 할 점은 쇼펜하우어가 높은 수준의 건강을 위해서 어떤 무엇인가를 하는 것 자체를 피하기보다는 그것의 과잉을 피한다는 것이다. 즉 건강을 위해서 피해야 할 것과 관련해 어떤 것을 할지 말지와 같은 여부 문제보다는 그것을 어느 정도로 할지와 같은 정도 문제가 더 중요하다.

　나아가 그는 건강을 위해 취할 것으로 매일 두 시간씩 야외에서의 격한 운동, 빈번한 차가운 냉수욕 그리고 식이요법 등에 주목한다. 너무 정적이기만 하거나 너무 동적이기만 한 일상도 경계해야 하는 것이다. 정신적 활동이 상당 부분을 차지하는 현대인의 일상에 필요한 것은 정기적인 신체 활동일 것이다. 나아가 이와 같은 정신적 활동과 신체적 활동 간의 부조화의 지속은 우리의 삶에 파멸적인 비명을 자아내게 할 것이다. 그래서 쇼펜하우어는 우리에게 이렇게 말한다.

"전적으로 앉아만 있는 생활방식을 지닌 수많은 사람의 경우처럼 외적인 운동이 거의 결핍되었을 때 외적인 휴지와 내적인 소요 사이에 비명을 자아내는 파멸적인 부조화가 발생한다."³

건강한 신체 속 건강한 정신

운명의 차이를 만드는 첫째 규정에 속하는 인간의 정체성의 부류 중에 특히 쇼펜하우어가 건강을 강조하는 것은 건강이 인간의 주관에 미치는 직접적인 영향력 때문이다. 쇼펜하우어는 "우리의 행복이 기분의 명랑함에 의존하듯이 기분의 명랑함은 건강 상태에 의존적이다"라며 행복과 기분의 명랑함의 상관관계와 더불어 기분의 명랑함과 건강의 상관관계를 예리하게 고찰한다. 이는 동일한 외적 상황이나 사건이라고 할지라도 건강하고 활기찬 날에 우리가 받는 인상Eindruck과 병 때문에 짜증 나고 불안한 기분일 때 우리가 받는 인상의 비교를 통해 수월하게 증명할 수 있다.

쇼펜하우어는 건강을 신체적 건강의 관점에서 다루면서 신체의 중요성을 그의 주저에서 주목했듯이 그의 행복론에서도 명시적으로 주목하고 있다. 쇼펜하우어가 인간의 정체성의 부류 중에 건강을 가장 우선에 둔 이유는, 주지하다시피 인간 주관에 신체가 미치는 직접적인 영향 때문이다. 동일한 외적 상황에도 불구하고 다른 내적인 인상을 발생시키게 하는 것은 신체의 상태다. 쇼펜하우어는 실상 우리를 행복하게 하거나 불행하게 만들기도 하는 것은 사물의 객관적이고 실재적인 모습이 아니라 그것을 파악하는 우리 자신임을 강조한다. 그리고 외부의 것을 파악하는 우리 자신에게 무엇보다 중요한 것이 신체의 건강임을 알 수 있다.

그러므로 우리의 행복을 위해 우리에게 더 중요한 것은 바로 인간의 정체성이고, 이 정체성의 부류인 어떤 건강, 어떤 힘, 어떤 아름다움, 어떤 기질, 어떤 도덕적 성격, 어떤 지성, 어떤 지성의 함양임이 밝혀지는 것이다. 나아가 인간의 운명의 차이를 만드는 근본규정의 우선순위가 정체성이라면, 이 정체성의 부류 중에 우선순위가 바로 신체의 건강이다. 그러므로 인간의 행복론에서 자신의 정체성을 만들어가기 위해서는 지성적이고 도덕적인 요소뿐만 아니라 신체적 요소를 건사하는 것이 중요할 것이다.

단, 우리 행복에서 건강이 본질적인 명랑성에 이바지하는 바가 많기는 하지만 이 명랑성이 단지 건강에만 의존하는 것은 아니다. 왜냐하면 신체적으로 건강함에도 어떤 우울한 기질과 우세한 침울한 기분이 있을 수 있기 때문이다. 이것은 쇼펜하우어의 세심한 통찰이다. 이는 1948년 세계보건기구WHO가 헌장에서 건강을 신체적 건강만이 아니라 정신적 건강 그리고 대인관계와 같은 사회적 건강을 함께 포함한 이유이기도 하다. 신체와 마찬가지로 우리의 가치관이나 세계관과 같은 철학적이고도 정신적인 요소도 중요하다. 한 사람의 사고방식이 그 사람의 신체적 건강이나 사회적 관계에도 많은 영향을 미친다는 점은 주지의 사실이다.

쇼펜하우어의 행복철학은 주관철학이다

운명의 차이를 만드는 첫째 근거가 정체성과 같은 인간 내적인 것인 이유는 쇼펜하우어 철학이 주관철학인 이유와 맞닿아 있기 때문이다. 인간 운명의 차이에 대한 세 가지 근거 중 한 가지는 인간 내부에 있고, 다른 두 가지는 인간 외부에 있다. 인간의 내부에 있든 인간 외부에 있든 이 세 가지가 인간의 주관에 영향을 미친다는 점에 공통점이 있다. 한편 차이점은 인간 내부에 존재하는 인간의 정체성인 인간의 인격은 인간의 주관에 직접적인 영향을 행사하는 데 비해 인간의 소유물이나 사회적 평판 등은 간접적인 영향력을 행사한다는 점이다.

나아가 인간 주관의 운명에 직·간접적으로 미치는 세 가지의 영향력도 그 세 가지의 내용, 즉 이들의 부류의 실질적인 내용에 의해 좌우된다. 인간의 운명 자체가 중요한 것이 아니라 어떤 운명인가가 더 중요하듯이, 인간이 주관이라는 점보다 어떤 주관인가가 더 중요하다. 따라서 우리는 쇼펜하우어가 단지 주관철학자라는 것에만 주목할 것이 아니라 어떤 주관철학자인지 주목해야 할 것이다. 주관도 주관 나름인 까닭이다. 이처럼 쇼펜하우어식 주관철학은 그의 명저 『소품과 여록』뿐만 아니라 그의 주저 『의지와 표상으로서의 세계』를 관통하는 중심 화두다.

쇼펜하우어 주관철학, 4개의 얼굴과 4개의 세계

『의지와 표상으로서의 세계』에서 쇼펜하우어가 그토록 고찰하는 현존재로서 인간이 고통을 겪는 이유는 주관에 있다. 전체 4개의 고찰로 이루어지는 그의 주저는 바로 인간의 주관이 어떤 주관인지, 그리하여 주관의 네 가지 모습을 독자에게 보여준다. 특히 주관을 표상과 의지라는 두 가지를 중심으로 설명하는데, 표상에 대한 제1고찰과 의지에 대한 제1고찰을 각각 제1권과 제2권에서 한다. 그리고 제3권과 제4권에서는 표상에 대한 제2고찰과 의지에 대한 제2고찰을 한다.

그는 표상과 의지에 대한 네 가지 고찰을 통해서 네 가지 주관과 더불어 네 가지 주관의 차이에 근거하는 네 가지 세계상을 보여준다. 쇼펜하우어는 우리의 세계관이 세계 자체의 차이보다는 인간 주관의 차이에 의해서 더 좌우됨을 독자에게 보여준다. 네 가지 세계상 중 우리의 세계가 어디에 더 속하는지는 네 가지 주관 중에 어디에 더 속하는지에 의해 좌우된다.

『소품과 여록』의 〈삶의 지혜를 위한 아포리즘〉, 즉 삶을 가능한 한 쾌적하고 행복하게 지내는 기예에 관한 쇼펜하우어의 행복론에서도 쇼펜하우어는 주관철학자로서의 변별점을 분명히 드러낸다. 주지하다시피 여기서도 인간의 주관을 현존재인 인간의 희로애락을 좌우하는 것으로 보고 세 가지 근본규정과 이들에 상응하는 세 가지 부류들을 통해서 고찰한다.

행복을 만드는 염세철학이 가능한 것은 주관철학자로서 쇼펜하우어가 주관을 특정한 한 가지 규정으로 제한하지 않았기 때문이다. 그는 인간 운명의 차이를 만드는 근거로 제시한 세 가지 모두를 인간 운명의 근본규정으로 본다. 그러나 이 세 가지가 인간의 운명의 차이를 만드는 데 동일하게 중요한 역할을 하지는 않는다. 이 우선순위, 즉 첫째 근본규정으로 인간의 정체성을, 둘째와 셋째 근본규정으로 소유물과 표상, 즉 타인의 시선을 두는 것은 그의 인생과 삶에 대한 철학적 고찰의 중요한 결실이다.

인간 정체성의 양극단을 잇는 차가운 열정의 소유자

문제는 '어떤 정체성인가, 그 정체성이 어떤 부류인가'이다. 인간의 근본규정의 야누스적 면모는 인격의 부류에서도 반복적으로 나타난다. 인간의 정체성에 도덕적 성격, 지성, 지성의 함양뿐만 아니라 건강, 힘, 아름다움, 기질이 포함될 때, 이는 인간의 행복을 위해 광의의 인격에 필요한 것이다. 이처럼 인간의 정신성 못지않게 신체성도 포함함으로써 이분법의 한 극단만 취하거나 배제하는 게 아니라 양극단 모두를 취한다. 쇼펜하우어는 운명의 차이를 만드는 운명의 세 가지 근본규정이나 그 첫 규정에 해당하는 인격의 부류에서도 인간의 양극단을 이음으로써 인간의 정체성과 더불어 인간 행복의 풍요로운 스펙트럼을 준비한다.

쇼펜하우어의 행복론은 현실에 대한 냉소적인 염세주의도 아니고 이상주의적 낙관론도 아니며, 현실에 진심이면서도 현실의 이면 또한 포기하지 않고 세밀하게 포착한다. 인간 운명의 차이에 관심이 있는 사람이라면 이처럼 인간과 세상이 지닌 정체성의 양면성을 가차 없이 들여다봄으로써 이 양극단을 잇는 차가운 열정이 필요할 것이다.

실재의 왕 vs 무대 위의 왕, 인격 vs 소유물

그렇다면 운명의 차이를 만드는 1순위인 인격은 왜 앞으로 살펴볼 소유물에 대해 비교 우위를 점할까? 아무리 지위가 높고 출생 신분이 좋은 금수저로 태어났다고 해도 위대한 정신과 위대한 심성을 지닌 참된 인격적 장점에 비교한다면, 그것은 마치 무대 위의 왕과 실제 왕의 관계와 같다는 것이 쇼펜하우어의 평가다. 둘째 규정에 속하는 재산이나 셋째 규정에 속하는 명성보다 더 우리의 운명에 본질적 차이를 만드는 것은 첫째 규정인 광의의 인격이다.

인간의 인격은 인간의 행복을 가져오는 순위에서 절대적 우위를 점하는 것으로 쇼펜하우어는 강조하고 또 강조한다. 따라서 운명의 차이를 만들고자 하는 자는 저 광의의 인격, 즉 자신의 정체성을 이루는 부류를 어떻게 만들어 갈지 고민하고 실천해야 한다. 우리는 무엇보다도 인간의 정체성의 부류에 속하는 자신의 건강, 힘, 아름다움, 기질, 도덕적 성격, 지성, 지성의 함양을 어떻게 만들고 변화시켜갈지를 고민해야 하는 것이다.

부 vs. 인격, 딜레마 대신 양자택이

'배부른 돼지의 행복 vs. 배고픈 소크라테스의 행복'이라는 딜레마를 제시할 경우에 적지 않은 사람이 전자를 선택할 것이다. 특히 N포세대를 양산하는 세상이라면 배고픈 소크라테스보다는 배부른 돼지를 선택하기 십상일 것이다. 그런데도 쇼펜하우어는 소유물이나 타인의 표상이 인격에 대비해서 보았을 때 인간의 행복에 역부족임을 고수한다. 첫째 규정의 압도적인 우세를 보여주는 가장 직접적인 예로 쇼펜하우어는 무엇보다도 건강을 제시하곤 한다.

소유물에 속하는 부와, 인격에 해당하는 건강 중에 인간의 운명과 행복에 더 결정적인 영향을 행사하는 것은 건강이다. 따라서 더 지혜로운 삶은 부를 얻기 위한 노력보다는 자기 건강을 유지하고 자기의 능력을 양성하며 사는 것이다. 그러나 쇼펜하우어는 이것을 둘째와 셋째 근본규정인 인간의 소유물과 사회적 평판을 소홀히 해도 되는 것으로 잘못 해석해서는 안 된다고 일침을 놓는 것도 잊지 않는다. 소크라테스가 되는 것도 중요하고, 배부른 것도 중요하다. 물론 양자 중에 인간의 행복에 더 보탬이 될 것은 전자다.

엄청난 부는 행복에 거의 도움이 되지 않는다

배가 부를 정도로 부나 재산을 축적했음에도 불구하고 계속 부를 축적하는 것은 어리석을 뿐만 아니라 자신을 불행하게 한다. 우리의 통념과는 달리 쇼펜하우어의 행복론 관점에서 보자면 부, 즉 엄청난 풍요는 우리의 행복에 거의 도움이 되지 않는다. 그래서 많은 부자가 불행하다고 느끼는 것이다. 쇼펜하우어는 이와 같은 부자의 역설에 대한 이유가 한편으로는 그들이 많은 재산을 유지하고 늘리는 데 불가피하게 필요한 걱정을 하느라 자신의 시간 대부분을 보내기 때문이라고 설명한다. 이 때문에 자신의 행복에 필요한 진정한 정신적 교양이나 지식을 쌓을 시간이 별로 남지 않는다.

실은 인간 정체성의 규정에 속하는 것들이 인간이 소유한 것보다 인간의 행복에 훨씬 더 많이 이바지한다. 그러나 사람들은 정신적 교양보다는 부를 얻기 위해 수천 배 더 애를 쓴다. 그래서 우리가 이미 축적한 부를 더 늘리기 위해 아침부터 밤까지 쉬지 않고 일하는 개미처럼 열심히 일하는 사람들을 많이 보게 된다고 쇼펜하우어는 꼬집는다. 부를 축적하려는 노력에는 기꺼이 당위성을 부여하는 데 반해, 정신적 교양을 위한 시간 할애는 배부른 소리로 폄하하곤 하는 것이 우리의 일상이다.

인간의 삶에 부가 필요하다는 것은 자명하다. 그러나 인간이 살아가고 행복하기 위해 부를 축적하는 것이지 부를 축적하기 위해 인간이 사는 것은 아니다. 이 분명한 사실에도 불구하고 자신의 행복과 부의 축적의 선후관계를 혼동하는 우리의 일상 모습을 우리는 쇼펜하우어의 일침을 통해 다시 직면한다. 그 저변에는 어쩌면 부는 물이 들어왔을 때 저어야 하는 노처럼 일분일초의 망설임도 우리에게 허락되지 않는 것이지만, 우리의 행복은 언제든지 우리를 기다려주기에 우리가 시간만 내면 또는 돈만 있으면 우리에게 달려오는 것이라는 깊은 오인이 자리한 것은 아닌가?

부자에게 없는 것, 부자의 주객전도

그래서 부자는 최고의 향유인 정신적 향락을 맛볼 수 없다. 부자가 누릴 수 있는 것이란 시간은 별로 들지 않지만, 많은 돈을 들여 가끔 누리는 찰나적이고 감각적인 향락이다. 그러나 감각적인 향락으로 정신적 향락을 대신하는 것은 별로 소용없는 일임을 쇼펜하우어는 날카롭게 경고한다. 수백 명의 하객들을 초대해 자택에서 파티를 하는가 하면 장기 세계 여행을 하고 런던으로 원정 출산을 시도하기도 한 쇼펜하우어 가문이었으며, 항구도시 단치히에 이어 함부르크에서 지내며 상류층에 속한 상인 하인리히 플로리스 쇼펜하우어Heinrich Floris Schopenhauer를 아버지로 두었던 아들 아르투어 쇼펜하우어는 부유층들의 삶을 누구보다 잘 알고 있었다.

그 부가 부자에게 미칠 수 있는 다양한 변주 또한 쇼펜하우어는 알고 있었다. 아들 쇼펜하우어가 뛰어난 상인이 되기를 원했던 아버지 하인리히뿐만 아니라 그의 어머니 요한나와 더불어 그들의 일상을 둘러싸고 있는 상류사회에 대한 경험을 통해 아들 쇼펜하우어는 일찌감치 부와 행복 간에 희비가 엇갈리는 역학 관계를 일상적으로 접했을 것이다.

재물을 계속 모으는 부자의 복병

"인간이 자신 자체에 가진 것이 삶의 행복에 가장 본질적이다"라는 쇼펜하우어의 강조는 틀리지 않았다. 인간의 행복에 영향을 미치는 가장 본질적인 것은 자신 외부에 있는 것이 아니라 자신 내에 자신이 이미 지닌 것, 즉 자신의 정체성이자 광의의 인격이다. 그런데 문제의 소지는 자신 안에 있는 행복의 출처를 마치 공기처럼 당연한 것으로 여기기에 그 영향력이나 존재감을 알

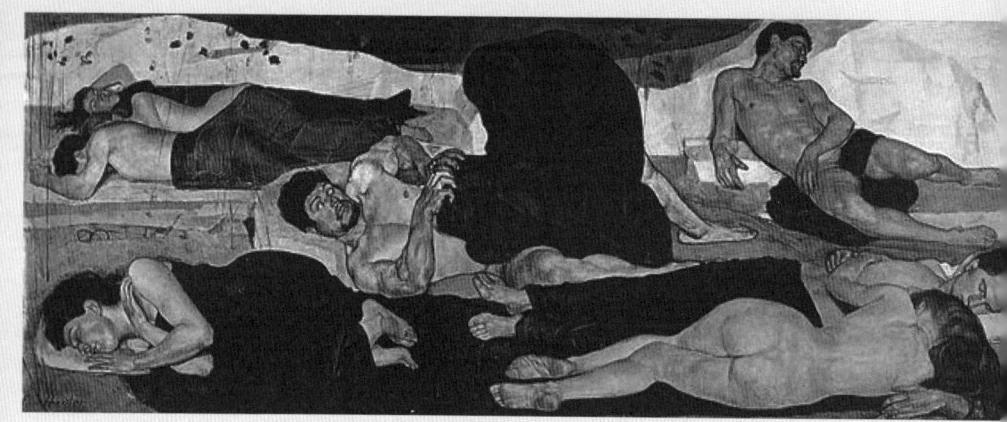

〈밤(Night)〉, 1890, 페르디난드 호들러(Ferdinand Hodler)

우리는 휴가 때뿐만 아니라
잠잘 때도 일의 시간을 데리고 간다.
그래서 우리는 잠자리가 그토록 편하지 못한 것이다.

아채기 어렵다는 데에 있다. 그것이 지니는 영향력이 클 때나 적을 때나 우리는 다만 우리 외적인 것에서 원인을 찾곤 한다.

그래서 인간은 자신이 지닌 정체성이나 인격이 아니라 소유물이나 재산 그리고 사회적 이미지에 더 연연해하는 것임을 쇼펜하우어는 통찰한다. 행복을 위해 인간에게 더 필요한 것이 부라는 우리의 통념은 사실 우리를 행복보다는 불행이나 고통으로 데려가기 십상이다. 왜냐하면 궁핍과의 싸움에서 승리한 사람조차도 아직 궁핍에 시달리는 사람들과 마찬가지로 여전히 과거에 머물러있는 까닭에 결핍감을 느끼곤 하기 때문이다.

가난을 피해 부를 획득하면 인간이 더 행복해질 것으로 생각하지만, 인간은 가난에서 벗어난 후에도 여전히 가난에 대한 공포에 쫓기어 가진 것을 늘리기 위해 안간힘을 쓴다. 이 때문에 부자도 가난한 사람처럼 한시도 마음이 편할 날이 없는 것이다.

『피로사회Müdigkeitsgesellschaft(2010)』라는 저서로 독일뿐만 아니라 한국에서도 잘 알려진 재독 철학자 한병철은 오늘날 우리가 살고 있는 사회를 피로사회라고 명명하고, 이곳에 살고 있는 우리의 정체성을 성과주체로 규정한 것으로 유명하다. 이 책이 출판된 지 꽤 긴 시간이 지났건만 한국사회는 여전히 피로에 시달리고 있다. 그래서 한병철은 『시간의 향기』에서 말한다.

"쉬는 시간도 다른 시간이 아니다. (중략) 우리는 휴가 때뿐만 아니라 잠잘 때도 일의 시간을 데리고 간다. 그래서 우리는 잠자리가 그토록 편하지 못한 것이다. 지쳐버린 성과주체는 다리가 마비되는 것처럼 그렇게 잠이 든다."

한병철이 신화 속 프로메테우스를 재해석하며 피로사회 속 인간을 자기 자신을 착취하는 독수리이자 독수리에게 끝없이 간을 쪼이는 프로메테우스라는 이중성으로 해석한 것은 시사하는 바가 크다. 특히 그가 성과급이나 인센티브 앞에서 "No!"라고 말할 수 없는 성과주체의 무능함을 지적할 때, 우리는 행복을 위해 돈을 벌기 시작했음에도 불구하고 결국에는 돈을 위해 일하고 있는 우리의 민낯을 순간적으로 들키게 된다.

부자의 이중적 고통

자신을 좀 더 행복하게, 좀 덜 힘들게 하기 위한 부가 어느 정도 축적되었음에도 인간은 여전히 반복적으로 부를 위해 노동을 하고 있다. 외적인 강요나 강제가 아니라 자기 스스로 자처해 더 많은 시간을 일에 할애하며 살아가는 자기 착취적인 현대인의 모습은 행복을 위한 삶의 지혜나 행복의 기예에서 점점 더 멀어져

간다. 부자를 고통스럽게 하는 것은 한편으로는 끝없는 노동의 굴레이지만 다른 한편으로는 노동의 시간에 대한 대가로 지불한 자신의 내면에 대한 무관심이다.

자신의 내면, 자신의 인격을 가꾸는 데 들일 시간의 결핍은 자신에 대한 무관심을 초래하고, 이 무관심은 자신이 소유하거나 소유하지 않은 다양한 세상을 풍부하게 체험할 수 있게 하는 자신의 감수성의 결핍을 초래한다. 그 결과 부자가 된 우리 인간이 시달릴 수 있는 최악의 고통, 빈곤 못지않은 고통이 바로 내면의 공허에서 오는 지루함$_{Langeweile}$이다.

부의 축적과 정신의 빈곤, 공허

인간의 인격이 인간의 소유물보다 우리의 행복에 훨씬 더 도움이 됨에도 불구하고 정신적 교양보다는 부를 얻기 위해 수천 배 더 시간을 할애한 인간의 정신은 텅 비어 있기에 다른 모든 것에 둔감하게 된다. 이로써 그들이 향유할 수 있는 향락은 그저 순간적이고 덧없는 것일 뿐이다. 아이러니하게도 부가 더 축적될수록 이에 비례하게 내면의 공허도 더 축적된다.

인간은 내면의 공허에서 벗어나기 위해 처음에는 감각적 향락과 각종 즐거움을 맛보려 하다가 그 끝에서는 방탕한 생활에 빠지게 되기도 한다. 쇼펜하우어는 부잣집 아들로 태어난 많은 사람이 막대한 유산을 믿기 어려울 정도로 단기간에 탕진해서 구제 불능으로 낭비하는 이유를 두 가지로 구분하는데, 하나는 인간의 인격을 이루고 있는 정신의 빈곤 그리고 다른 하나는 공허에서 나온 지루함으로 포착한다.

부자로 태어났지만 내면이 빈곤한 경우에 부자는 외적인 부를 통해 내적인 부를 대신하려고 애쓰기 마련이다. 그러나 이러한 대책은 역설적으로 지루함과 내적 공허를 더 증폭시킬 뿐이다. 쇼펜하우어가 인간 운명의 차이를 만드는 첫째 근본규정을 소유물이 아닌 인격으로 삼은 것은, 소유물이 갖는 이와 같은 한계를 경계하는 것이자 눈에 보이지 않아 놓치기 쉬운 인격의 중요성을 환기하기 위한 것이다.

쇼펜하우어가 행복론, 즉 가능한 한 유쾌하고 행복하게 살아가는 기예를 공유하고자 하는 삶의 지혜를 통해 인간 개개인이 누구인지를 근본적으로 규정하는 '인격'을 두고두고 강조하는 이유는 사실 우리가 인격보다는 재물을 더 중시하기 십상이기 때문이다. 그러나 쇼펜하우어가 경계하듯이 소유물 획득에 자신을 오롯이 투자하는 삶을 적정선에서 멈추지 않는다면 오히려 그 소유물에 의해 삶 자체가 여지없이 파괴될 것이다.

쇼펜하우어가 10대 때 아버지의 서재에서 읽었던 책의 작가 볼테르는 1694년 프랑스의 부유한 집안에서 태어났다. 볼테르는 장편소설 『캉디드 혹은 낙관주의(1759)』에서 한 등장인물의 대사를 통해 역설적으로 일이 삶의 행복에 주는 가치를 흥미로운 방식으로 제시하고 있다.

"노인장께서는 매우 넓고 비옥한 땅을 가지고 계시겠지요?"
캉디드가 이렇게 묻자, 노인이 대답했다.
"아니오. 8헥타르밖에 안 됩니다. 내 자식들하고 함께 농사를 짓지요. 일은 권태, 방탕, 궁핍이라는 3대 악으로부터 우리를 지켜줍니다."

볼테르는 기피되곤 하는 노동이 우리에게 궁핍으로부터의 자유뿐만 아니라 권태나 방탕으로부터 우리를 지켜주는 강력한 보호막이 될 수 있음을 이 노인장을 통해 보여준다.

다만 우리는 이 대목을 조금은 세심하게 경계하며 읽을 수도 있다. 부의 획득에 과도하게 치중하는 사람, 즉 8헥타르가 아니라 80헥타르, 800헥타르를 소유하고 경작하고자 하는 사람이 있다면, 그는 3대 악덕 중 셋째인 궁핍으로부터 자신을 자유롭게 할 수 있을지언정 권태나 방탕으로부터 자신을 지키지 못할 수도 있다. 육체적 노동이든 정신적 노동이든 과도한 노동은 오히려 자신의 세계를 더욱 지루하게 할 수 있다. 그리하여 이와 같은 권태로부터 일시적이고 표면적으로 도피하고자 하는 시도들은 오히려 우리의 삶을 방탕으로 유인할 수 있을 것이다. 따라서 우리 현존재에게 필수인 고통을 덜고 행복을 더하기 위해서 우리는 우리의 인생에서 부와 인격을 위한 비중을 나누는 데 세밀한 삶의 지혜가 필요할 것이다.

쇼펜하우어, 자전적인 경험을 철학하다

운명의 차이를 만드는 세 가지 근본규정에 대한 쇼펜하우어의 행복론은 단지 이론적 성찰의 결과가 아니라 부잣집 아들로 태어나 아버지의 유산을 자산으로 평생을 철학하며 살아간 한 인간으로서의 자전적 성찰의 결과이기도 하다. 부잣집 아들 아르투어와 부자 아버지 하인리히 쇼펜하우어가 부유한 삶을 유지해간 것은 단지 자본이 자본을 증식시키기 때문은 아니다. 부를 유지하거나 증식시키기 위해서 부는 부자가 되려는 자들에게 그 대가로 그들의 지속적인 고뇌와 고통을 요구한다.

이 고통과 고뇌를 줄이기 위해 부자 아버지가 전략적으로 선택하는 방법은 교육이다. 특히 여덟 살 정도가 되면, 가정 안에서는 아버지에 의한 교육을, 가정 밖에서는 유능한 상인이자 세련되고 예의 바른 사람이 되기 위한 고단한 교육 과정을 시작하는 것은 부자 아버지를 둔 아들의 운명과도 같은 것이다. 뤼디거 자프란스키의 『쇼펜하우어 전기』에서 잘 묘사되고 있듯이 쇼펜하우어의 아버지는 1797년, 아들이 열 살이 채 되기도 전에 프랑스 파리를 경유해 항구도시 르아브르Le Havre로 데리고 가서 아들을 2년간 그곳의 사업 파트너의 가족에게 맡겨 사람들과의 교제를 연습하고 프랑스어를 배우게 한다.

쇼펜하우어가 부가 아니라 철학을 선택한 까닭

쇼펜하우어는 10대가 되어 1805년에 함부르크 집으로 다시 돌아왔다. 하지만 그는 상인의 수완을 기르기 위해 고달픈 교육을 받아야 했다. 함부르크 최고 가문의 아들들이 미래에 상인이 되기 위해 거쳐야 할 전문교육기관인 사립학교를 4년 동안 다녀야 했다. 그뿐만 아니라 상인 지망생들이 사립학교를 졸업한 후 거쳐야 할 7년간의 도제 생활, 3년간의 점원으로서의 회사 근무와 같은 견습생 교육이 쇼펜하우어를 기다리고 있었다.

그러나 같은 해 4월 아버지 하인리히의 갑작스러운 사망은 아들 쇼펜하우어에게 상실의 아픔과 더불어 상인이 되기 위한 고통스러운 운명을 뒤바꿀 틈을 보여준다. 그 틈새에서 쇼펜하우어는 재산이나 사회적 평판보다는 자기 자신을 우선순위로 두는 삶을 단호하게 선택한다. 아버지의 부를 계승하는 부자의 삶과는 전혀 다른 인생, 즉 철학하는 인생을 쇼펜하우어는 선택한다. 그 어떤 부나 사회적 평판도 아닌 바로 쇼펜하우어 자기 자신이 인생의 최우선 순위이기 때문이다. 그래서 쇼펜하우어는 우리에게 이렇게 말한다.

"그러므로 우리 삶의 행복을 위해서는 우리 자신인 것, 인격이 전적으로 첫 번째이자 가장 중요한 것이다. 왜냐하면 이미 인격은 지속적이고 어떤 환경에서도 효력이 있기 때문이다. 게다가 인격은 다른 두 부류의 자산처럼 운명Schicksal의 지배를 받지 않고 우리에게서 빼앗아갈 수도 없다. 따라서 다른 두 가지 부류가 단지 상대적인 가치를 지닌 것에 반해 인격의 가치는 절대적이라 할 수 있다."[4]

Schopenhauer

3장

인간 운명의
차이를 만드는
인간의 소유물

"이 재앙에서 저를 구해주소서!"

"제 손에 닿는 무엇이든 황금이 되었으면 얼마나 좋겠습니까?"

이 말은 미다스 왕이 바쿠스 신에게 말한 소원이다. 실레노스가 술에 취해 일행에서 이탈했을 때 미다스 왕이 실레노스를 극진히 대접한 후 리디아로 데려와 바쿠스 신도들에게 인도했다. 술과 축제의 신인 바쿠스(디오니소스) 신은 자신의 스승 실레노스가 무사히 돌아온 것을 보고 기뻐하며 미다스 왕에게 무엇이든 좋으니 소원을 하나 말하라고 했던 것이다.

미다스 왕의 소원은 약속대로 이루어졌다. 미다스 왕은 그 후 프리기아로 되돌아와 자신의 소원이 정말 이루어졌는지 확인하기 위해 참나무 가지를 하나 꺾어보았는데, 신통하게도 참나무 가

〈미다스 신화(The Midas myth)〉, 1893, 월터 크레인(Walter Crane)

미다스 왕은 모든 것을 금으로 만드는 순간을 꿈꾸었으나
사랑하는 딸마저도 금 조각상이 되어버리자
오히려 황금 때문에 고통을 받는다.

지는 그의 손이 닿자마자 황금 가지로 변했다. 그래도 믿기지 않아 이것저것 만져보았는데, 그의 손에 닿는 것은 어김없이 모두 황금으로 변했다. 왕궁으로 돌아온 미다스 왕이 기둥을 만졌는데, 그 기둥이 황금 기둥이 되었다. 이처럼 미다스 왕은 모든 것을 금으로 만들어버리는 순간을 꿈꾸면서 이 상황을 턱도 없이 좋아했다고 한다.

미다스 왕이 이와 같은 황홀한 꿈에 잠겨 있는데 시종이 음식상을 차려냈다. 그러나 미다스 왕이 빵을 먹으려고 집자 빵은 금이 되었고, 배가 고파 고기 한입을 베어 무니 금으로 변한 고기에 그의 치아 자국만 났다. 그뿐만 아니라 포도주를 마시려 하자 입술 사이로 들어가다 말고 금덩어리가 되어버렸다. 음식이 많아도 먹을 수 없고, 목이 타는데도 아무것도 마실 수가 없게 되자 오히려 황금 때문에 고통을 당하게 되었다. 궁리 끝에 미다스 왕은 하늘을 향해 두 팔을 벌리고 외쳤다.

"아버지 바쿠스 신이시여, 저를 용서하소서. 큰 죄를 지었나이다. 기도하옵건대 저를 불쌍히 여기시고 이 재앙에서 저를 구해주소서."

인간이 가진 것과
인간의 세 가지 욕구

기이하게도 쇼펜하우어는 인간의 운명의 차이를 만드는 둘째 근거에 해당하는 '인간이 가진 것'에 관한 고찰을 시작할 때, 가진 것이나 이것의 부류에 해당하는 재산과 소유물이 아니라 '세 가지 욕구$_{Bedürfnisse}$'로 시작한다. 이 욕구들이 둘째 근본규정과 어떤 관계에 있는지를 아는 것이 우리가 저 운명의 차이를 만드는 삶의 둘째 지혜를 알 수 있는 관건이다.

그러나 쇼펜하우어는 인간이 가진 것에 대한 논의에 해당하는 제3장에 매우 적은 분량을 할애한다. 어쩌면 제1장 기본분류 마지막 단락에서 언급했듯이, 소유물의 가치가 당시에 너무나 일반적으로 인정되고 있었기 때문인가? 꼭 그렇지는 않을 것이다. 왜냐하면 비록 그가 그곳에서 셋째 근본규정에 해당하는 '인간이 표상한 것', 즉 명예나 지위, 그리고 명성과 같은 부류도 둘째 근본규정과 마찬가지로 새삼스레 추천이 필요하지 않은 것으로 언급하지만, 그는 이 셋째 근본규정에 대한 논의를 위해 첫째 근본규정에 대한 논의보다 더 많은 분량을 할애하기 때문이다.

그 이유를 알아보는 것은 운명의 차이를 만드는 지혜가 무엇인지 궁금한 우리 독자의 몫으로 남는다. 그러나 우리는 적어도 '인간이 가진 것'에 대한 논의에 해당하는 삶의 지혜를 이미 앞 장들에서 적지 않게 파악할 수 있었다.

인간의 첫째 욕구: 먹을 것과 입을 것에 대한 욕구

무엇인가를 소유하고자 하는 것은 유한한 개체로서 인간의 가장 기본적인 욕망에 속한다. 인간이 무엇인가를 욕망하는 이유는 인간이 결핍된 존재이기 때문이다. 쇼펜하우어가 위대한 행복론의 교사라고 칭한 에피쿠로스Epikuros가 분류해 제시한 인간적 욕구의 세 가지 항목에 기반해 쇼펜하우어는 세 가지 욕구를 다음과 같이 구분한다. 인간의 첫째 욕구는 먹을 것과 입을 것에 대한 욕구다. 둘째 욕구는 성적 충족의 욕구다. 셋째 욕구는 사치, 호사, 부귀영화에 대한 욕구다.

　인간이 지닌 이들 세 가지 욕구를 쇼펜하우어는 자연스러운 욕구와 필수적인 욕구를 기준으로 분간한다. 첫째 욕구인 먹을 것과 입을 것에 대한 욕구는 자연스러우면서도 필수적인 욕구다. 이것은 충족시키지 않으면 고통을 초래한다. 먹고 입는 것은 인간 현존재에게 자연스러운 것이다. 또한 이 두 가지를 충족하지 않고서는, 즉 먹거나 입지 않고서는 생존할 수 없기에 현존재로서 인간에게 필수적이다. 그러니 먹을 것과 입을 것을 갖고자 하는 욕구는 인간에게 자연스럽고 필수적이다.

또한 이 욕구는 충족시키기가 쉽다. 둘째 욕구나 셋째 욕구와 비교하자면, 먹는 것과 입는 것은 상대적으로 충족시키기 쉽다. 한 끼 먹는 양에는 끝이 있고, 외출할 옷가지 수에도 끝이 있기 때문이다. 아무리 많이 먹어도 배가 터질 정도로 먹을 수는 없는 노릇이고 아무리 많이 입어도 굴러갈 정도로 입을 수는 없기 때문이다. 그러니 다른 두 가지 욕구에 비해 충족시키기 쉽다고 할 수 있다.

인간의 둘째 욕구:
성적 충족의 욕구

둘째 욕구인 성적 충족Geschlechtsbefriedigung의 욕구는 쇼펜하우어에 의하면 자연스럽기는 하지만 필수적인 욕구는 아니다. 이 욕구는 혹자에 따르면 에피쿠로스가 언급한 것이 아니라고 하면서도 쇼펜하우어가 이를 보완해 재현한 욕구라고 말한다. 성적 욕구는 인간이라면 누구나 갖고 있는 욕구다. 그리고 인간은 누구나 이 욕구를 충족하고자 한다.

쇼펜하우어에게 성적 욕구의 충족은 자연스럽지만 필수적이지 않은 것이다. 왜 그럴까? 성적 욕구가 발생하는 것은 인간에게 자연스러운 것이지만 이것을 충족시키는 것은 필수가 아니라 선택으로 보는 것 같다. 왜냐하면 성적 욕구는 일어날 수 있지만 일어났다고 해서 반드시 충족시켜야 하는 것은 아니기 때문이다. 즉 그 욕구를 매번 충족시키지 않는다고 해서 현존재의 생존에 치명적이지 않기 때문이다.

밥을 며칠 굶으면 생존에 치명적일 수 있지만 성적 충족을 그렇게 한다고 해서 인간의 생존에 위협이 되는 것은 아니라고 할 수 있다. 이뿐만 아니라 그의 주저에서 주된 이슈가 되는 의지, 이 의지에 속하는 성적 욕망은 이성에 의해서 지양될 수 있기 때문이다. 인간은 욕구만 지닌 것이 아니라 이 자연적이면서도 일방적인 이 욕구를 지연하고 지양할 수 있는 이성도 있기 때문이다. 이성의 조력을 통해 인간은 성적 충족의 욕망을 충족시키는 대신 지연하거나 지양할 수도 있을 것이다.

먹을 것과 입을 것에 대한 욕구가 인간의 생존에 직접적인 영향을 미치는 것에 비해 성적 충족의 욕구는 인간 생존에 간접적인 영향을 미친다고 할 수 있다. 그러니 첫째 욕구의 충족은 불가피하지만 둘째 욕구의 충족은 불가피하다고 보기 어렵다. 여기서 한 가지 주목할 점은 쇼펜하우어에게 첫째 욕구와 셋째 욕구가 대상에 대한 욕구라면 둘째 욕구는 대상의 충족에 대한 욕구라는 차이점일 것이다.

성적 욕구는 충족시키기가 정말로 더 어렵다

쇼펜하우어는 이러한 성적 충족의 욕구란 충족시키기 정말로 더 어렵다는 한마디로 일축한다. 더 어렵다고 함은 맥락상 첫째에 비해 충족시키기 더 어렵다는 의미일 것이다.

비록 쇼펜하우어가 그의 행복론에서 이에 대한 추가적인 논의는 하지 않았지만 우리는 상식적으로도 성적 충족이 충족되기란 쉽지 않음을 추측할 수 있다. 개인적으로, 사회적으로, 문화적으로 여러 가지 까다롭고 예민한 도덕 담론에 지배를 받는 인간의 삶에서 이 욕구를 충족시키는 것은 심리적으로나 도덕적으로 넘어야 할 문턱이 많다. 성적 욕구와 충족 사이에는 문턱이 실로 높다 할 것이다.

쇼펜하우어는 그의 주저 『의지와 표상으로서의 세계』 마지막 권, 제4권에서 성적 욕구의 충족에 관해 세밀하게 논한다. 인간의 성은 인간의 의욕Wollen이나 신체Leib에 속하고, 이 의욕은 다시 의지Wille에 속한다. 쇼펜하우어는 모든 다양한 의지 작용의 근본 주제에 해당하는 것은 바로 욕구의 충족임을 분명히 한다. 그러나 건강한 신체 속 현존재와 분리할 수 없는 욕구의 충족은 그 자체로 목적이 아니라 개체의 유지와 종족의 번식이라는 자연의 목적으로 환원된다. 따라서 성적 욕구의 충족은 자연의 목적인 개체 유지와 종족 보존을 위한 수단이다. 마찬가지로 성적 욕구의 충족에서 수반되는 쾌감도 개체가 자신을 유지하고 종족이 자신을 보존하기 위한 전략적 효용을 반영하는 것이다.

생식기를 지배하는 것은 인식이 아니라 동기다?

쇼펜하우어에게 성의 충족이란 개별적인 삶을 넘어서는 삶에의 의지의 긍정Bejahung des Willens zum Leben이고, 이로써 개체를 소모해 삶에 귀속시키는 것이자 삶에 새로운 증서를 주는 것이다. 이때 성 욕동은 결정적이고 가장 강한 삶의 긍정이다. 삶에의 의지는 성 욕동에서 가장 강렬하게 나타나기 때문이다.

쇼펜하우어는 성 욕동과 직접적으로 관련된 신체 기관인 생식기를 신체의 다른 어떤 외적인 부분보다 훨씬 더 의지에만 종속되며 전혀 인식에 종속되지 않는 것으로 고찰한다. 생식기를 지배하는 것은 동기Motive이지 인식Erkenntniß이 아니라는 것이다. 그는 생식기를 삶을 유지하고 유한한 현존재의 시간에다 끝없는 삶을 확약하는 원리로 본다.

비록 생식기가 일차적으로는 동기에 의해 지배되지만, 인식에 의해서도 지배될 수 있다. 인간은 동기에만 지배되는 것이 아니라 이로부터 자유롭게 인식적일 수 있다. 왜냐하면 인간은 동기적 존재이면서 동시에 이성적 존재이기 때문이다. 이것이 인간과 다른 동물의 차이다.

쇼펜하우어에게 인식이란 의욕의 지양이고, 자유를 통한 구원이다. 그리하여 인식은 개체화의 원리에 지배받는 세계의 극복을 가능하게 하고 나아가 이것들을 무화시킬 수 있는 인간 특유의 능력이다.

염세주의에서 시작하지만 염세주의의 종결로 이행

쇼펜하우어는 그의 주저에서 염세주의의 출발을 의지의 긍정에서 고찰한다면 의지의 부정을 통한 염세주의의 종결 가능성을 인식, 그것도 순수 인식에서 찾는다. 인간의 성 욕동을 포함해 인간의 의욕은 근본적으로 새로운 사물이 늘 자신의 의욕의 새로운 동기가 됨으로써 끝없이 반복된다. 이 반복을 끊는 것이 바로 쇼펜하우어에게 모든 의욕의 진정제Quietiv, 즉 인식의 역할이다.

끝없이 반복되는 인간 의욕의 진정 방법은 사물과 의욕의 동기적 관계를 인식하는 것이다. 우리의 삶, 희로애락의 표상을 만드는 소위 개체화 원리의 본질을 간파하는 것이다. 이러한 고찰 수준에 이르게 되면, 우리의 의지는 더 이상 개체화의 원리에 사로잡혀 있는 자신의 욕망을 맹목적으로 긍정하기보다는 부정할 수 있는 능력을 갖춘다. 일희일비에 사로잡히기보다는 일희일비의 이유, 즉 그것의 본질을 파악함으로써 일희일비로부터 자유로워질 수 있는 것이다.

개체화 원리의 네 가지 뿌리와 그 너머

쇼펜하우어의 주저에 따르면, 세계는 나의 표상이자, 나의 의지다. 세계가 염세적인 이유는 세계가 개개인의 삶을 지배하는 개체화의 원리에 따르기 때문이다. 우리의 세계는 우리의 표상인데, 이러한 우리의 표상을 지배하는 것이 바로 개체화의 원리다.

그리고 우리 세계의 근거가 되는 표상은 네 가지 충분근거율Satz vom zureichenden Grund에 근거한다. 나의 표상 세계는 즉흥적이거나 일회적인 우연성에 의한 것이 아니라 네 가지 뿌리에 근거한다. 즉 생성의 충족이유율, 인식의 충족이유율, 존재의 충족이유율, 행위의 충족이유율에 근거하는 것이 우리의 표상 세계다. 우리의 표상 세계는 생성Werden, 인식Erkennen, 존재Sein, 행위Handeln의 근거를 통해 이루어져 있다는 것이다. 이 네 가지 뿌리가 바로 쇼펜하우어의 박사학위 논문 주제다.

인간의 세 가지 욕구, 즉 욕구하는 주관으로서 인간은 전적으로 동기에 의해 지배받는다. 이러한 주관으로서 인간의 희로애락은 전적으로 욕구 충족의 여부와 정도에 근거한다. 그러므로 인간이 좀 더 기뻐지고자 한다면 욕구를 좀 더 충족시키는 것 외에 다른 방법이 없다.

그러나 다행히 인간은 욕구하는 주관만이 아니라 인식하는 주관, 나아가 순수 인식적인 주관으로의 이행 가능성을 지니고 있다. 이 점에서 보자면 우리와 세 가지 욕구의 관계는 또 다른 국면으로 전환할 가능성을 지니고 있음을 알 수 있다. 인간은 욕구에 전적인 지배를 받지 않을 수 있는, 즉 욕구의 충족이라는 부담에서 벗어날 수 있는 진정제를 스스로 처방할 수 있다. 그 처방 주치의가 바로 순수 인식, 즉 개체화의 원리에서 자유로운 주관으로서 이성이다.

인간의 셋째 욕구:
사치, 호사, 부귀영화에 대한 욕구

먹을 것과 입을 것에 대한 욕구, 그리고 성적 충족에 대한 욕구의 다음에 오는 마지막 욕구는 '사치, 호사, 부귀영화에 대한 욕구'다. 이 셋째 욕구는 자연스럽지도 않고 필수적이지도 않은 욕구다. 쇼펜하우어는 이 욕구들의 특징을 한편으로는 끝이 없다는 것과 다른 한편으로는 충족시키기가 매우 어렵다는 것으로 제시한다. 첫째 욕구와 둘째 욕구의 충족에는 상대적으로 그 끝이 있음에 비해, 이 셋째 욕구의 충족에는 끝이 없다. 또한 이 욕구는 인간에게 자연스럽지도, 필수적이지도 않음에도 불구하고 인간 자신에게 기쁨을 주는가 하면 고통을 주기도 한다.

미다스 왕의 황금 손에 대한 욕구의 역설

앞에서 예시로 든 미다스 왕의 황금에 대한 욕구는 셋째 욕구에 속한다. 따라서 자연스럽지도 않고 필수적이지 않음에도 불구하고 끝도 없는 욕구이기에 충족시키기 매우 어려운 욕구다. 이 셋째 욕구는 세 가지 욕구 중에 충족시키기 가장 어려운 욕구에 속한다. 비록 오비디우스 신화 버전에서는 미다스 왕의 주변 사물이나 먹을 것과 마실 것과 같은 것들이 황금으로 변하는 데 그쳤지만, 전승되는 다른 버전에 따르면 그가 사랑하는 딸인 공주를 황금으로 만드는 끔찍스러운 결과를 초래하기도 한다.

우리는 세 가지 욕구 중의 어느 한 가지에 지나치게 집착하면 나서지 두 가지에도 영향을 미침을 알 수 있다. 한 왕국의 왕 미다스에게 황금은 자연스럽지도 필수적이지도 않은 셋째 욕구에 속한다. 황금에 대한 그의 과도한 욕구는 결과적으로 자연스럽고 필수적인 욕구인 먹을 것의 충족을 방해한다. 과연 미다스 왕은 자신이 황금을 그토록 소원한 까닭이 무엇이었는지 알고 있었을까? 그는 행복을 위해 황금을 추구하다가 어느 순간부터인가 오히려 행복이 아닌 황금 자체를 추구하게 된 것은 아닌가!

내가 가진 것과 요구하는 것 사이 불균형의 두 얼굴

미다스 왕이 이미 부와 권력 등 많은 것들을 가졌음에도 불구하고 더 많은 것을 욕구하는 이유는 무엇일까? 때로는 자신의 삶이 파괴되고 주변 사람들도 고통과 불행에 빠지게 할 수 있는 불만족의 원천이 무엇인지 파악하게 된다면 인간이 좀 덜 고통스럽고 좀 더 행복할 수 있는 데 결정적인 기여를 할 것이다.

쇼펜하우어는 인간이 부나 유복함의 상실 후 겪는 맨 처음의 고통을 이겨내고 나면, 우리의 습관적인 기분은 예전 기분과 그렇게 다르지 않음에 주목한다. 그 이유는 운명이 우리 소유물의 요소, 즉 가진 것을 줄이고 나면 우리 자신도 마찬가지로 우리 요구의 요소, 즉 우리가 바라는 것을 상당량 감소시키기 때문이다. 그렇긴 하지만 불행한 일로 인해 소유물이 감소하고 이에 상응해서 요구하는 것을 감소시키는 작업은 원래 고통스러운 것이다. 그럼에도 이런 작업이 완결되고 나면 그 고통은 점점 적어지고 마침내는 전혀 느껴지지 않는다. 그렇게 상처가 아문다는 것이 쇼펜하우어의 통찰이다. 그렇다면 반대의 경우는 어떨까? 쇼펜하우어는 이렇게 말한다.

"거꾸로 행복한 경우엔 우리 요구의 압축기가 밀려 올라가고 요구가 팽창한다. 이 가운데 기쁨이 있다. 그러나 기쁨도 이러한 작업이 완전히 완료되면 더 이상 지속되지 않는다. 우리가 요구의 확대된 양에 익숙해져버려서 이에 상응하는 소유물에 대해 무심해지는 것이다."[5]

쇼펜하우어는 우리의 불만족의 원천을 우리가 기쁨을 얻기 위해 요구의 요소들을 끊임없이 갱신하는 시도와 그것을 방해하는 다른 요소들 간의 부동성에서 찾는다. 인간은 만족을 지속하고자 하지만 만족은 늘 순간적이고 사라진다. 만족은 짧고 불만족은 늘 만족이 사라진 자리를 차지한다. 그러니 특정 재산이나 소유물이 주는 기쁨도 순간이고, 인간이 또 다른 기쁨을 원한다면 또 인간은 또 다른 소유물을 찾기 위해 애써야 한다. 쇼펜하우어는 이와 같은 만족과 불만족 사이의 줄다리기 현상에 대한 근거를 다음과 같은 대목을 통해 좀 더 명료하게 나타낸다.

"의지는 동기에 의해서만 가시적으로 될 수 있다. 동기 일반은 여러 형태를 지닌 프로테우스Proteus(모습을 자유자재로 바꿀 수 있는 바다의 신-저자)로서 의지 앞에 서 있다. 즉 동기는 끊임없이 완전한 충족, 의지의 갈증 해소를 약속하지만, 그것이 달성되면 동기는 곧 다른 모습을 하고 나타나 새로이 의지를 움직인다. 이때 형태는 경험적 성격인 표본이나 실례를 경험하며 점차 명백해지는 의지의 격렬함의 정도와 인식에 대한 의지의 관계에 따른다."[6]

인간이 돈을 추앙하는 까닭

인간은 자신의 운명의 차이를 만들고자 한다. 이 운명의 차이를 만드는 데 필요한 것 중에서 우리가 특히 소유물을 중시하고, 때로는 가장 중시하게 되는 까닭은 무엇일까? 인간 운명의 차이를 만드는 데 돈은 어떤 힘을 갖고 있는가? 소유물에 대한 쇼펜하우어가 권하는 삶의 지혜의 관점에 비추어 보면, 미다스 왕이 황금에 그토록 집착하는 동기를 짐작할 수 있을지도 모른다. 과연 저 에피쿠로스의 세 가지 욕구에 대한 쇼펜하우어의 해석에서 더 이상 첫째 욕구도 둘째 욕구도 충족시키지 않는 황금을 미다스 왕이 자신의 소원으로 삼은 데는 어떤 사정이 있는가?

쇼펜하우어는 인간처럼 곤궁하고 욕구들로 이루어진 종족에게는 부가 다른 무엇보다도 더 숨김없이 존경받고 숭배받고 있다는 것의 근거가 되며, 권력조차도 단지 부를 위한 수단일 뿐이라는 것이 별로 놀랄 일이 아니라고 털어놓는다. 인간이 다양한 재산이나 소유물 중에서도 돈을 그토록 선호하는 이유는 돈이 인간의 세 가지 욕구, 즉 먹고 입을 것에 대한 욕구와 성적 충족의 욕구뿐만 아니라 부귀영화에 대한 욕구를 충족시킬 수 있는 절대적인 수단이기 때문이다.

그러니 인간의 소망이 주로 돈으로 향해 있다는 점, 무엇보다도 돈을 사랑한다는 점은 자주 비난거리가 되기도 한다. 그러나 쇼펜하우어는 현존재로서 인간이 돈을 사랑하는 것은 자연스러우며 심지어 불가피한 것이라고 본다. 지칠 줄 모르는 프로테우스처럼 우리는 잘도 변하는 소망과 다양한 욕구의 대상을 변화무쌍한 변신으로 충족시키는 돈을 사랑하는 것이다.

쇼펜하우어가 돈을 프로테우스로 비유한 이유는 옷이나 음식은 각각의 재화가 특정한 목적에 상응하기에, 단지 해당하는 단 한 가지 소망이나 한 가지 욕구만을 충족시키는 상대적인 것임에 반해, 돈은 욕구 일반에 대응하기 때문이다. 그래서 프로테우스처럼 무한한 변신 능력을 가진 돈만이 절대적으로 좋은 것으로 추앙되곤 한다.

프로테우스의 역변: 돈의 화석화, 인간의 프로테우스화

돈은 인간의 수많은 욕구를 충족시키는 수단이었다. 그러나 인간은 점차로 돈이 지닌 프로테우스와 같은 변화무상한 변신 능력을 거두어갔다. 돈 자체가 목적이 됨으로써 돈은 점차 화석화되어간다.

따듯한 한 끼의 밥, 함께 피로를 풀기 위한 친구와의 여행, 집을 마련하기 위한 저축, 소중한 사람과 좀 더 함께하기 위한 수단으로서의 돈이 어느 순간 그 자체로 목적이 되고 말았다. 그 결과로 인간은 돈을 위해 끼니를 거르고, 여행을 포기하고, 집이 주는 안락함을 포기하며, 소중한 사람과 보내는 시간마저도 뒷전으로 미루어놓는다. 인간이 그저 돈에 자신의 모든 시간을 쏟아붓기 시작하는 그 순간, 소리 없이 돈과 인간 간의 관계 역변이 시작되고 만다.

재물이나 재산이란 그 자체가 목적이 아니라 인간 현존재의 결핍된 욕구나 필요를 충족함으로써 고통을 덜고 기쁨을 더하는 효과적인 수단이다. 그러나 재물이나 재산 자체가 목적이 되면 재물은 화석화되어 인간의 필요를 충족시키는 역할을 더 이상 수행할 수 없다. 재물 자체는 더 이상 인간을 위해 변신하지 않는다. 돈이 아니라 인간이 스스로 프로테우스가 되어 돈을 위해 자신을 변화시키게 된다. 돈을 위해 인간은 자신의 생명력 있는 삶을 포기한다. 그렇게 되면 돈을 벌어도 돈을 쓸 목적이자 대상이었던 사람 자체가 부재하니 돈을 벌 근본 근거가 사라지는 것이다. 화석화된 돈, 돈의 노예가 된 인간은 돈에 대한 끝없는 불만족, 그리고 불만족으로 인한 끝없는 갈증과 허기에 시달리게 된다.

돈이 사람을 위해 프로테우스가 되는 것이 아니라 사람이 돈을 위해 프로테우스가 되는 역변을 멈출 수 있다면, 인간의 삶은 생명력을 회복해갈 것이다. 쇼펜하우어의 삶의 지혜는 수중의 자산이 세상의 즐거움을 조달하는 허가증이나 심지어 의무가 아님을 경고한다. 돈이 많아질수록 세상살이가 더 즐거워질 것이라거나 돈이 즐거움의 보증수표일 것이라는 착각을 경고하는 것이다.

쇼펜하우어는 오히려 우리 수중에 있는 자산을 언제 일어날지도 모르는 많은 재난이나 사고에 대한 방어벽 정도로 고찰하기를 우리에게 권한다. 그는 자산의 진정한 효용을 일생에서 부딪칠 재난이나 사고가 주는 고통이나 불행으로부터 우리를 보호하는 한정적인 역할에서 찾는다. 쇼펜하우어에게 돈이란 우리의 행복과 적극적 관계가 아니라 소극적인 관계를 지닌다. 이와 같은 쇼펜하우어의 행복론이 제안하는 삶의 지혜는 인간이 돈을 우상화하는 오류를 드러냄으로써 돈과 우리의 관계를 좀 더 현실적이고 자유롭게 할 것이다.

가성비보다는 가심비가 더 중요해지는 사회

현존재의 생존을 위해 가성비가 좋은 것도 필요하지만 역설적으로 가성비와 무관하게 가심비가 좋은 것도 필요하다. 자연스러우면서도 필수적 욕구인 먹을 것과 입을 것에 대한 욕구는 가성비 쪽에 해당할 것이다. 자연스럽지도 않고 필수적이지도 않은 사치나 부귀영화와 같은 것은 가심비 쪽에 속할 것이다. 오늘날 우리 일상에서는 가성비 못지않게 가심비도 중요하다. 이제 가심비는 우리의 삶에 선택이 아니라 필수 항목이다.

우리의 생계 수단에 해당하는 가성비 소유물 외에도 우리의 생존에 직접적인 영향을 주지 않는, 다만 간접적인 영향력을 행사하는 가심비성 소유물의 위상은 점점 더 올라가고 있다. 음식 자체가 아니라 어떤 음식인가가 중요해졌고, 입을 옷이 있으면 되는 것이 아니라 어떤 옷인가, 살 집 자체가 아니라 어떤 집인가가 더 중요해지고 있다. 그러므로 지금 우리에게 필요한 지혜는 가성비와 가심비가 공존하는 시대, 가심비성 사물이 우세해지는 시대를 살아가는 우리가 이 양자를 우리 삶에서 어떻게 조율할지에 관한 것이다.

욕구 충족의 여부가 아니라 욕구 충족의 한계

현존재로서 인간은 먹는 것과 입는 것 외에도 성욕이 필요하다. 이뿐만 아니라 사치와 호사도 필요하다. 인간이 살아가는 데에 이들 중 어느 한 가지만 필요한 것이 아니라 이 세 가지 모두 필요하다. 문제는 이러한 욕구가 있는지 없는지와 같은 욕구의 여부가 아니다. 문제는 욕구를 어느 정도로 충족해야 만족할지, 즉 욕구 충족의 한계Grenze다.

충족해야 할 욕구가 가성비라는 것은 상대적으로 충족시키는 데 끝이 있기에 비교적 뚜렷한 한계선을 지닌다는 것이다. 그렇다면 이 욕구를 충족하기 위한 우리의 노력도 무한한 것이 아닌 일정한 한계를 지니게 된다. 그러니 일정 정도의 노력 후에는 휴식이나 이를 향유할 시간이 있을 것이다. 물리적 욕구의 충족에 해당하는 먹을 것과 입을 것, 나아가 쇼펜하우어가 이보다는 좀 더 충족하기 어려운 것으로 본 성적 충족의 욕구는 상대적으로 만족시키기 위한 경계선이 선명한 편에 속한다.

무한대의 욕구는 무한대의 고생을 부른다

그러나 가심비를 충족하는 데는 한계가 없다. 사치나 화려함, 부귀영화와 같은 것에 대한 욕구를 만족시키는 데는 그 경계선이 분명하지 않다. 이는 충족을 위해 우리가 지불해야 하는 노고의 정도를 가늠할 수 없다는 것을 의미한다.

무한대의 욕구는 무한대의 노고를 대가로 치러야 한다. 무한대의 노고가 요구됨이 의미하는 것은 무한대의 고통이다. 인간은 무한대의 욕구를 충족시키기 위해 정신적으로, 심리적으로, 신체적으로 무한히 애써야 하는 것이다. 돈과 인간의 관계가 역변하는 자리에 무엇이 우리를 기다리는가? 바로 고생으로 점철되는 인생이다.

'벌어들인 재산 그리고 상속된 재산을 유지하도록 애써라!'라는 문구는 경제적 미니멀리스트 쇼펜하우어의 간곡한 권고다. 쇼펜하우어가 스스로 번 재산이나 상속받은 재산을 잘 유지할 것을 간곡히 권하는 이유는 이러한 재산이 현존재 인간에게 지닌 가치에 근거한다. 그 가치란 바로 한편으로는 '인간의 삶에 들러붙어 있는 욕구와 괴로움의 제거와 면제'다. 다른 한편으로는 '보편적인 노역, 즉 대지의 자손$_{Erdesohn}$인 인간의 자연스러운 숙명으로부터의 해방'이다.

  돈의 가치를 과대 포장하지도 않고 깎아내리지도 않는 쇼펜하우어의 권고는 매우 현실적이다. 대체로 인간은 더 적든 더 많든 차이는 있겠으나 일정의 자산을 가지고 있다. 쇼펜하우어의 이러한 삶의 지혜에 기반을 둔 행복의 기예는 자산을 어떤 기준으로 유지해야 하는지, 즉 자산 유지의 근본적인 목적을 명시하는 대목이다. 우리가 자산을 유지하든 확대하고자 하든 중요한 것은 그것이 지닌 목적, 즉 괴로움의 면제이자 노역으로부터의 해방이라는 가치를 망각하지 않는 것이다.

"오늘은 내 것이다"라고 외치는 게 꼭 불가능한 것은 아니다

숙명의 굴레에서 완전히 자유롭게 자신의 삶을 자기 것으로 만드는 것, 온전히 자신이 자신의 삶의 주인이 되는 것은 현실적으로 전혀 쉽지 않을 것이다. 그러나 내 인생 전체는 아니어도 어떤 때는, 어느 정도는 '오늘은 내 것이다der Tag ist mein'라고 외치는 게 꼭 불가능한 것은 아니다.

세상의 논리에 그저 따라가는 인생은 운명의 차이를 만들 수 없다. 운명에 복종하는 삶이기 때문이다. 따라서 이런 순간의 오늘은 내 것이 아니다. 오늘을 내 것으로 만드는 것은 운명의 차이를 만드는, 주어진 것에 내가 만든 것을 더하거나 빼는 것이다.

운명의 차이를 만들기 위해서는 운명의 원리를 파악해야 한다. 쇼펜하우어가 고찰하는 삶의 지혜는 바로 우리의 인생과 세상을 지배하는 현실적 원리를 우리가 통찰할 수 있도록 돕는다. 우리가 그동안 무엇인지도 모르고 휘둘려오기만 한 인생의 원리인 개체화의 원리가 무엇인지, 그 정체를 아는 것이 중요하다. 이와 같은 삶의 지혜를 고찰해가는 데 우리가 알아야 할 두 번째 근본규정, 즉 인간이 가진 것에 관한 지혜가 지금까지 살펴본 인간이 소유한 부와 재산에 관한 지혜다.

 돈이 우리의 운명에 미치는 영향에 대한 그의 현실적 고찰은 우리가 가지고 있는 소유물이나 가질 돈이 우리의 주인이 아니라 변화무상하게 변신하는 효율적인 매체여야 함을 보여준다. 현실적으로는 우리 운명의 차이를 만드는 제1의 규정으로 작동하는 것이 돈이기도 하다. 이 돈과의 관계에서 우리는 돈의 노예나 주인이 아닌, 돈을 아는 자일 때 비로소 돈을 건강한 프로테우스로 변신시킬 수도, 우리 자신의 운명의 차이도 만들 수 있을 것이다.

 쇼펜하우어는 부유한 집안에서 태어난 사람은 대체로 부를 꼭 필요한 것으로 여기기에 부를 밀착 방어하며 규율 바르고 신중하며 검소하다고 한다. 반면에 가난하게 태어난 사람은 가난을 자연스러운 상태로 여긴다. 그래서 어쩌다 굴러들어온 부를 단지 향락과 낭비에나 적합한 여분의 것으로 간주한다고 지적한다. 심지어 부가 사라졌을 때도 예전처럼 그럭저럭 살아가며 걱정거리 하나가 없어진 것쯤으로 여기기도 한다며 일침을 놓는다.

 이러한 쇼펜하우어의 돈에 대한 생각은 부유한 사람은 좀 더 씀씀이가 헤프고, 가난한 사람은 아껴 쓸 줄 알 것이라는 통념과 다르다. 개발도상국에서 선진국으로 진입한 우리도 적든 많든 축적된 부를 어떻게 쓰고 관리해야 하는지 고민하게 하는 대목이다.

4장

———

인간 운명의
차이를 만드는
인간의 표상(사회적 평판)

인간이 표상한 것 &
그것의 부류인 명예, 지위, 명성

삶을 가능한 한 쾌적하고 행복하게 지내는 기예를 위한 지침인 행복론에서 쇼펜하우어는 인간 운명의 차이를 만드는 셋째이자, 마지막 근본규정을 다음과 같은 문장으로 시작한다.

"인간이 표상하는 것, 즉 다른 사람의 의견 속 우리 현존재는 우리 본성의 특이한 약점 때문에 대개 너무 고평가되고 있다. 그러나 단지 조금만 생각해보아도 그것은 그 자체로 우리의 행복에 비본질적임을 알 수 있다."[7]

인간이 표상한 것이란 다른 사람의 의견 속 현존재다. '표상하다vorstellen'는 쇼펜하우어의 주저 『의지와 표상으로서의 세계』에서 사용된 표상Vorstellung이라는 명사의 동사다. 표상이라는 개념은 쇼펜하우어 철학에서 세계의 정체를 고찰해가는 데 실마리가 되는 개념이다.

쇼펜하우어 철학의 시작, '세계는 나의 표상이다'

쇼펜하우어는 그의 주저의 시작을 '세계는 나의 표상이다Die Welt ist meine Vorstellung'라는 문장으로 시작한다. 표상이라는 개념은 세계에 대한 쇼펜하우어의 출발 규정에 속하는 용어다.

세계는 단지 표상이 아니라 '나의 표상'이다. 쇼펜하우어 철학을 이해하는 데 핵심 개념 중 하나인 표상이라는 개념을 그는 자신의 행복론에서 다시 사용하고 있다. 주저에서 표상이 매우 이론적으로, 즉 삶의 진리와 관련해 고찰된다면, 행복론에서의 표상은 매우 실천적으로, 즉 삶의 지혜 차원에서 고찰된다. 그러므로 여기서는 표상이라는 용어의 철학적 번역어를 그대로 살려서 '인간이 표상한 것Was Einer vorstellt'으로 번역하고자 한다. 주저에서 사용하는 표상 개념을 염두에 두면서 그의 행복론에서 사용하는 표상의 의미를 파악하는 것이 행복을 추구하는 우리의 취지에 부합할 것이다.

표상한 것 = 다른 사람이 표상한 것

그러면 누군가가, 즉 인간이 표상한 것에 대해 다루고 있는 쇼펜하우어의 행복론 맥락을 따라가보자. 그는 인간이 표상한 것의 의미를 한 마디로 '다른 사람의 의견 속 우리 현존재'로 명시한다. 즉 '인간이 표상한 것'이란 내가 아닌 '다른 사람이 표상한 것', 즉 나의 친구일 수도 있고 버스나 전철에서 옆에 앉은 사람일 수도 있고 직장 동료나 동창이거나 가족일 수도 있는 타인이 표상한 나다. 바로 나에 대한 다른 사람의 의견 속 현존재로서 나다. 다$_{da}$가 '특정적인'이라는 뜻을 가진 것을 생각하면, 인간이 현존재, 즉 다자인$_{Dasein}$이라고 불리는 이유도 인간은 어떤 시간이나 어떤 장소 그리고 어떤 상황에 영향받는 특정적 존재이기 때문이다.

그리고 인간에게 영향을 미치는 또 하나의 다$_{da}$가 바로 타인의 생각이다. 인간은 타인의 생각 속에 존재하는 존재이자 타인이 표상한 나에게 연연해하는 존재다. 나에 대한 다른 사람의 의견은 그 타인 속에만 있는 것이 아니라 내 안으로 들어온다. 나는 다른 사람들이 나에 관해 생각하는 것에 대해 생각하는 존재다. 나에 대해 타인이 표상한 것에 대해 내가 표상한다. 인간은 다양한 존재에 관해 표상하지만 유독 타인이 나에 관해 표상한 것에 대해서도 표상하곤 한다. 따라서 그의 주저에서처럼 그의 행복론에서도 '세계는 나의 표상이다'라는 문장은 유효하다. 나에 관한 타인의 표상이 타인의 표상으로 그치지 않고 그것에 대한 나의 표상으로 확장될 수 있다. 인간의 희로애락은 사물 자체에 대한 순전한 나의 표상에서보다는 나에 관한 타인의 표상으로부터 더 영향을 받기도 한다.

고양이를 쓰다듬으면
고양이는 갸르릉거린다

인간이란 존재는 유독 타인의 시선에 민감한 경향이 강하다. 그렇다면 우리는 왜 타인의 시선, 나에 대한 그들의 시선이나 생각, 즉 타인의 표상에 민감한 걸까? 아마 나에 관한 타인의 표상이 나에게 미치는 영향 때문일 것이다. 쇼펜하우어가 예시하듯이, 인간이란 놀랍게도 실제로 불행하거나 심지어 우리의 행복의 두 가지 원천, 즉 정체성이나 가진 것 모두가 부족할 때조차도 단지 타인의 칭찬만으로도 곧잘 위안받는다.

그러니 거꾸로 보자면, 어떤 의미에서든 어느 정도든 어떤 상황이든 관계없이 자신의 공명심에 대해 누군가가 준 매번의 상처, 매번의 경시, 냉대, 무시란 것이 반드시 얼마나 많이 그를 아프게 하고 종종 깊이 고통스럽게 하는지를 알면 새삼 놀랍다.

이러한 놀라운 현상은 우리 일상에서 의외로 빈번히 볼 수 있는 우리의 민낯이기도 하다. '좋아요', 나에 대한 누군가의 '좋아요'의 여부와 정도에 따라 울기도 하고 웃기도 하는 것이 우리의 현실 인생이다. 그것이 실질적으로 어떤 이익이나 손해가 없을 때조차도 우리는 누군가의 실없는 칭찬이나 험담으로 웃기도 하고 울기도 한다.

나르시스, 자신에 대한 타인의 표상에 사로잡힌 자

신화에서 사람의 얼을 빼놓을 만큼 잘생긴 외모를 가진 자, 나르시스Narcissus는 잠 또는 무감각을 의미하는 'narke'에서 유래한 것으로 보인다. 신화 속 나르시스는 자기 얼굴을 직접 본 적이 없었으며 다만 자신을 보고 망연자실하는 타인의 얼굴을 보았을 뿐이다. 나르시스는 타인을 통해 자신을 본 자다. 나르시스가 자

〈나르시스(Narcissus)〉, 1597-1599, 카라바조(Michelangelo Merisi da Caravaggio)

나르시스가 지니는 마취나 도취는
이중적 의미를 지닌다고 할 수 있다.
나르시스에 대한 사람들의 마취와
이런 사람들에 대한 나르시스의 마취다.

신에 관해 지닌 표상의 근거는 바로 그에 관한 타인들의 표상이다. 사람들이 그를 보면 망연자실한다고 그가 여긴 것, 즉 그에 대한 사람들의 표상에 대한 그의 표상이 그의 자기 표상의 근거다. 이때 우리는 나르시스의 표상이 이중적임을 알 수 있다. 그의 첫째 표상은 그에 대해 망연자실하는 사람들의 표상이고, 둘째 표상은 망연자실하는 사람들에 대한 나르시스 자신의 표상이다.

 사람들이 나르시스를 보고 취할 뿐만 아니라 나르시스도 사람들의 표상을 보고 취한 것이다. 따라서 그의 이름인 나르시스가 지니는 마취나 도취는 이중적 의미를 지닌다고 할 수 있다. 나르시스에 대한 사람들의 마취와 이런 사람들에 대한 나르시스의 마취다. 나르시스를 보고 사람들이 자기 자신을 잃는 망연자실로부터 나르시스가 그런 타인을 보고 자기 자신을 잃는 망연자실로 확대된다.

에코, 자신에 대한 타인의 표상에 사로잡힌 자

 나르시스가 자신에 대한 사람들의 표상에 사로잡히듯이, 에코도 에코에 대한 나르시스의 표상에 사로잡힌다. 나르시스와 에코의 신화적 서사는 자신에 대한 타인의 표상에 사로잡힌 사람들의 비극을 드러낸다. 이들에 관한 서사는 자신에 대한 타인의 표상에 대한 자신의 표상이 어떻게 자신뿐만 아니라 타인에게도 치명적인 비수가 될 수 있는지를 날카롭게 포착하고 있다.

나르시스를 보고 마음을 빼앗긴 에코가 마침내 나르시스에게 구애했으나, 나르시스는 매몰차게 거절한다. 나르시스에 대한 에코의 표상으로 인해 모욕감을 느낀 에코는 여위어가서 결국에는 모습은 사라지고 목소리만 남게 된다. 이 신화는 에코에 대한 나르시스의 표상이 이 표상의 당사자인 에코에게 얼마나 파괴적 위력을 가할 수 있는지를 잘 드러낸다.

물론 표상과 표상이 서로 엮이고 꼬이는 관계 속에서 나르시스에게 박대받은 이가 에코만은 아니다. 박대받은 이들, 즉 나르시스의 부정적 표상에 대한 그들의 표상, 박대나 멸시 표상은 부메랑이 되어 나르시스에게로 되돌아간다.

주지하다시피 다음과 같은 저주스러운 기도는 결국 이루어졌고, 모두를 마춰시키는 자, 나르시스는 그 저주로 인해 결국 자신에게 마춰되어 죽음에 이른다.

"저희가 그를 사랑했듯이, 그 역시 누군가를 사랑하게 하소서. 하시되 이 사랑을 이룰 수 없게 하소서. 이로써 사랑의 아픔을 알게 하소서."[8]

지금 우리가 살고 있는 세계는 그 어느 때보다도 이미지나 표상

〈에코와 나르시스(Echo and Narcissus)〉,
1903, 존 윌리엄 워터하우스(John William Waterhouse)

나르시스의 표상에 사로잡힌 에코!
표상과 표상이
서로 엮이고 꼬이는 관계 속에서
나르시스에게 박대받은 이가 에코만은 아니다.

이 넘쳐나는 디지털 세상이다. 디지털 세계에서 우리는 이미지의 생산자이거나 소비자다. 유튜버가 구독자를 취하게 하기도 하고 구독자의 '좋아요'에 유튜버가 취하기도 한다. 유튜버든 구독자든 타인의 표상에 따라 좋아하기도 하고, 슬퍼하기도 한다. 유튜버도 구독자도 점점 더 표상 세계에 사로잡힐수록 마치 나르시스가 샘물 곁을 떠나지 못해 죽음으로 다가가듯이 타자의 디지털 표상에 사로잡혀 아날로그 삶을 잃은 불행의 곁으로 다가갈 수도 있을 것이다.

나르시스나 그에게 저주의 기도를 하던 이들은 표상이라는 하나의 세계에 갇힌 자들이다. 이 표상은 이중적 표상이다. 그리고 나르시스는 자신에 대한 누군가의 표상에 대한 자신의 표상 세계에 감금된 자다.

나는 표상한다. 고로 존재한다

인간이 일희일비하는 것이 바로 저 둘째 표상, 즉 이중적 표상이다. 인간의 기쁨과 고통은 표상에 대한 표상, 즉 타자의 표상을 자신의 관점에서 재해석함으로써 생겨난다. 그러니 세계도, 세계에 대한 표상도 실은 나의 표상이다. 세계의 표상은 세계보다는 나 자신에게서 더 기인한다. 이처럼 우리 자신에 대한 타인의 시선에 따라 인간이 일희일비하곤 하는 현상은 '우리 본성의 특이한 약점의 결과'다. 우리는 이러한 약점 때문에 대개 표상을 과대평가한다.

다른 사람의 의견 속 우리 현존재, 즉 우리 자신에 대한 타인의 표상이 우리 본성의 특이한 약점으로 인해 너무 과대평가되는 경향이 있다면, 이때 우리 본성이 지닌 특이한 약점이란 무엇인가? 그것은 '인간의 표상 의존성'이라고 부를 수 있을 것이다.

그렇다면 인간이 표상 의존적인 이유는 무엇일까? 왜 타인의 시선은 우리에게 그토록 신경이 쓰일까? 이 이유에 대한 지혜는 우리가 좀 덜 고통스럽고 좀 더 행복하기 위한 삶의 지혜에 추가해야 할 목록일 것이다.

인간이 실제로 불행할 때조차도 타인의 칭찬으로 위안을 받고, 거꾸로 자신의 공명심에 대한 상처로 실로 아파하고 고통스러워하는 것 자체가 바로 인간이 가지고 있는 특이점이자 약점에 속할 것이다. 실제로 일어난 일보다는 이 일에 대한 타인의 표상이 자신에게 더 큰 영향을 행사할 수 있는 약한 존재가 바로 인간이다. 그것이 인간의 약점이 되는 까닭은 현실적으로 어떤 것 그 자체나 우리 자신의 표상보다 어떤 것에 대한 타인의 표상이 우리에게 더 영향을 미치기 때문이다.

타인의 표상이 우리의 행복에 중요한 요소인 평온이나 독립에 있어서 비본질적임에도 불구하고 때때로 인간은 타인의 견해와 생각의 노예로 머물곤 한다. 그래서 쇼펜하우어는 말한다.

"행복은 얻기 쉬운 것이 아니다. 우리 자신 안에서 행복을 얻기란 매우 어렵고, 다른 곳에서 행복을 얻기란 아예 불가능하다."[9]

우리는 이 순간 다시 한번 쇼펜하우어가 자신의 행복론을 이 인용문으로 시작하는 이유를 확인하게 될 것이다. 타인의 표상에 의존하는 사람은 행복의 근거가 자신 안이 아닌 자신의 밖에 있으므로 결국 자기 행복의 여부나 정도가 자신의 외부에 의해 좌우된다. 자신이 아니라 타자에 의해서 지배되는 삶은 자기 독립적이 아니라 타인 의존적이다.

그러니 타인 의존적 행복에서 벗어나고자 한다면, 비록 행복을 자신 안에서 얻기가 쉽지 않더라도 자신 안에서 찾아 나가야 한다. 남의 표상을 갈구하는 사람은 남의 표상에 자신의 표상을 종속시키기 십상이다. 이로써 자신이 아니라 타자가 자기 삶의 주인이 될 것이다.

자아도취였다, 타자도취가 아니라

마침내 나르시스는 자신이 그토록 사랑한 것, 자신이 그토록 시달렸던 존재가 다름 아닌 자기 자신이었음을 알게 되었다.

"아 그랬구나. 내가 지금껏 보아오던 모습은 바로 나 자신이었구나. 이제야 알았구나, 내 그림자여서 나와 똑같이 움직였던 것이구나. 이 일을 어쩔꼬, 나는 나 자신을 사랑하고 있었구나. 나 자신에 대한 사랑의 불길에 타고 있었구나. 나를 태우던 불길, 내가 견뎌야 했던 그 불…… 그 불을 지른 자는 바로 나였구나."

타자에 취한 타자도취가 아니라 자기 자신에게 취한 자기도취였다. 그러나 이미 도취된 자, 그는 그럼에도 불구하고 이미 사로잡힌 자신의 표상으로부터 떨어질 수 없었다. 비록 자신이 끌린 존재가 자신의 표상임을 알았음에도 불구하고 그의 표상의 영향력은 전혀 감소하지 않는다.

"무정한 이여! 안녕." 나르시스는 심지어 자신은 죽을지라도 자신이 사랑하던 그 존재만은 오래 살 수 있길 바랐다. 그는 자기 자신보다도 타자를 더 사랑한 것이다. 그러나 그도 알았듯이 "우리들은, 하나가 죽으면 나머지 하나도 따라 죽어야 할 운명……"이었다. 사랑하는 자와 사랑받은 자가 둘이 아닌 하나였다. 그렇기에 나르시스가 샘물 곁에서 죽고 나서야 비로소 샘물 속 그의 표상도 사라진다.

  쇼펜하우어 철학의 출발이 염세적인 이유가 바로 여기에 있다. 인간이 자신의 표상에 사로잡히는 것, 그리고 비록 사로잡힌 것이 자신의 표상임을 알았을 때조차도 인간은 그 표상으로부터 자유로워지기 어렵다. 이것이 인간 삶의 특징이다. 쇼펜하우어의 철학은 표상의 지배로부터 자유로워지는 긴 여정을 그의 주저와 그의 행복론을 통해 우리에게 보여준다. 이와 같은 쇼펜하우어 철학이 염세주의를 가로지르며 행복론으로 가는 여정은 다름 아닌 우리의 표상과 우리 삶 사이의 관계를 지배하고 있는 강제적 연결 고리를 끊어내, 수직적인 우리의 표상 의존성으로부터 우리의 삶을 자유롭게 하는 과정이다.

'내 멘탈은 나의 것'으로 만드는 행복의 기예

쇼펜하우어는 자신 속에 그리고 자기 자신에게 있는 것에 속하는 것이 바로 인간의 정체성과 인간 자신이 가진 것임을 다음과 같이 환기한다.

"자기 자신 속에 그리고 자기 자신에게 있는 것의 가치를 단지 타인의 눈 속에 있는 것의 가치에 맞대어 정확하게 평가하는 것은 우리의 행복에 크게 이바지할 것이다."[10]

인간 운명의 차이를 근거 짓는 첫째 근본규정인 자신의 정체성과 둘째 근본규정에 속하는 자신의 소유물로 고찰한 인간 자산이 바로 인간 자신 속에 있는 것이자 인간 자신에게 있는 것이다. 그 이유를 쇼펜하우어는 이들의 작용권역에 해당하는 장소가 바로 자기 자신의 의식이라는 장소이기 때문이라고 한다. 따라서 우리 행복에 이바지하는 삶의 지혜는 자신에 속한 것과 속하지 않은 것을 구분할 수 있는 지혜이자 기예에 관한 것이다.

인간의 정체성과 인간이 가진 것의 작용권역 또는 영향권의 영역은 자기 자신 내, 즉 자기 자신의 의식이라는 장소다. 반면에 셋째 근본 규정에 해당하는, 인간이 표상한 것, 즉 인간이 다른 사람에게für 존재하는 장소는 타인의 의식이다. 여기서 말하는 타인의 의식이란, 필자가 표상의 관점에서 재해석한 나르시스 신화에 대입해보자면, 나르시스를 사랑하고 원망하는 에코의 의식이자 나르시스를 사랑했으나 나르시스에게 박대받은 이들의 의식이다. 쇼펜하우어는 그 작용권이 자신에게 있는 경우와 자신이 아닌 타인에게 있는 두 경우를 분간한다. 이 분간 능력의 여부나 정도는 인간이 덜 고통스럽고 더 행복하게 살아가는 삶의 기예에 결정적인 영향력을 발휘한다.

쇼펜하우어는 우리에 관한 누군가의 표상이나 개념은 우리 수중에 직접적으로 있기보다는 간접적으로 있음을 다음과 같이 명시한다.

"이것은 결코 우리에게 직접적으로 수중에 있는 것이 아니라 단지 간접적으로만 수중에 있는 것이다. 다시 말해 단지 우리에 대한 타인의 태도가 그것에 의해 규정되는 한에서만 우리의 수중에 있는 것이다. 그리고 후자인 간접적으로만 수중에 있는 것(타인의 눈 속에만 있는 것-저자) 자체도 우리 자신 안에 그리고 우리 자신에게 존재하는 것이 변경될 수 있는 무언가에 영향을 미치는 한에서만 고려될 뿐이다."[11]

그 표상이나 개념과 우리의 관계는 간접적이다. 우리가 타인의 표상을 고려하게 되는 경우는 단지 그것이 우리에게 영향을 미칠 때다. 나르시스의 매몰찬 거절이라는 타인의 태도가 에코의 수중에 간접적으로 있다는 말의 의미는 나르시스의 태도가 에코 자신에게 영향을 강하게 미칠 수도 있고 아닐 수도 있다는 것이다. 나르시스의 매몰찬 태도와 에코의 죽음 사이의 관계를 결정하는 것에는 나르시스의 매몰찬 태도만이 아니라 이에 대한 에코의 태도도 영향을 미친다. 나르시스의 매몰찬 태도라는 매개가 에코에게 미칠 작용권역은 단지 에코 외부에만 있는 것이 아니라 에코 자신 안에도 있다는 것이다.

만일 에코가 자신 안에 있는 자신의 표상과 자신 밖에 있는 타인의 표상을 분간할 수 있다면 자기의 의식 속 표상과 타인의 의식 속 표상 간의 필연성이 지닌 허구를 통찰할 수 있을 것이다. 그렇게 된다면 에코의 의식은 나르시스가 그녀에게 취하는 태도 그대로 자신을 표상하는 대신 그것과의 거리를 취할 수 있을 것이다. 이때라면 에코는 타인의 의식 속에서 일어난 일에 일희일비하기보다는 좀 더 무덤덤해질 수 있을 것이다.

'타인 머릿속 나'에 대해 무덤덤하기

쇼펜하우어는 우리에 대한 타인의 표상 이외에 개념의 정체를 밝힘으로써 우리가 우리에 대한 타인의 표상에 덤덤할 수 있는 또 다른 근거를 제시한다. 만약 누군가가 우리에 관해 그의 머릿속에 갖고 있는 것이 객관적이거나 사실적이라면, 우리는 그것에 대해 진지한 태도를 취해야 할 것이다. 그러나 만약 그렇지 않다면 우리가 그것에 대해 일희일비할 필요도 없고 해서도 안 될 것이다.

우리에 관해 진실이 아닌 것 때문에 우리가 모욕감을 느낄 그 어떤 필요나 당위성이나 정당성도 없다. 그 이유는 간단하다. 그것은 우리에 대한 진실이 아니기 때문이다. 그것은 단지 그 사람의 머릿속에만 있는, 실체가 없는 허상이자 망상에 지나지 않기 때문이다.

누군가가 우리 자신을 그러그러한 사람이라 할 때, 분간해야 할 것은 과연 우리가 그런 사람인가 아닌가 하는 것이다. 만약 그렇지 않다면 우리는 그 사람의 생각에 휘둘릴 필요가 없다. 우리가 누군가의 생각을 진지하게 여겨야 하는 경우는 오직 우리 자신에 대한 누군가의 생각이 맞을 경우다.

쇼펜하우어는 대부분 사람의 머릿속에 있는 생각, 개념, 신조, 견해 등이 그다지 정확하지 않음을 환기한다. 우리가 사람들의 생각이 꽤 객관적이고 진실할 것으로 생각하는 것은 사람들이 객관적이고 진실하다는 전제에서만 가능한 생각이다. 그러나 누군가의 댓글이나 눈총이나 '좋아요'와 같은 것은 단지 피상적일 수 있고 하찮은 것일 수도 있다.

쇼펜하우어가 다음과 같이 지적하듯이 사람들의 생각은 협소하거나 편협할 뿐만 아니라 심술궂고 오류일 수도 있다. 이러한 사실을 우리가 알아챈다면, 쇼펜하우어의 다음과 같은 바람처럼 우리는 우리에 대한 누군가의 표상이나 개념에 대해 너무 심각하거나 진지하게 느끼기보다는 오히려 덤덤하고 침착하게 받아들일 수 있을 것이다.

"우리 역시 만약 우리가 대부분 사람의 머릿속에 있는 생각의 피상성이나 하찮음, 개념의 협소함, 신조의 편협함, 견해의 심술궂음이나 오류의 수에 대한 충분한 인식을 얻으면, 점차 타인의 의식 속에 있는 것에 대해 덤덤할 것이다."[12]

에코에 대한 나르시스의 생각이 그저 하찮고 편협한 것일 수 있었음을 에코가 알았더라면, 에코는 나르시스의 표상이나 개념으로 인해 자신의 존재를 포기하는 비극적 상황에까지 이르지 않았을 것이다. 그러나 만약 하찮고 편협한 것이었음을 알아챘음에도 불구하고 나르시스의 표상에 사로잡혀 헤어날 수 없다면, 이 표상에 대한 에코의 표상은 자연스러운 것은 아닐 것이다. 그것은 이미 정도를 넘어선 부자연스러운 것이라 할 수 있다.

우리를 불행으로
직행하게 만드는 망상

이와 같은 통찰을 통해 쇼펜하우어는 우리의 복지를 위해서 가장 본질적인 것은 건강이며, 그다음으로는 우리의 보존 수단, 즉 근심 없는 생계라고 밝힌다. 쇼펜하우어는 많은 사람이 매우 많은 가치를 부여하기도 하는 명예, 영화, 지위, 명성은 건강이나 근심 없는 생계와 같은 우리의 본질적인 자산과 비교해보자면 비교 불가, 대체 불가하다는 점을 꼬집어 말한다. 오히려 명예나 영화나 지위나 명성과 같은 것들은 미련 없이 건강이나 생계유지의 뒷순위여야 한다.

각자가 우선적이고 현실적으로 타인의 의견 속이 아니라 자기 자신의 피부 속에 산다는 이 단순한 통찰에 제때 이른다면, 이는 우리의 행복에 매우 일조하는 것임을 쇼펜하우어의 지혜는 말한다. 즉 건강, 기질, 능력, 수입, 배우자, 자식, 친구, 주거지 등에 의해 규정되는 우리의 실제적이고 개인적 상태가 우리를 타인으로부터 사랑받게 만드는 방법보다 백배나 더 중요하다는 것이다.

이와 반대되는 생각이 바로 우리를 불행하게 만드는 망상이다. 쇼펜하우어에 따르면, '명예가 삶보다 중요하다는 말'은 '현존재와 안녕은 아무것도 아니고, 우리에 대해 타인이 생각한 것이 중요하다'라는 것과 마찬가지다. 그러나 이때 쇼펜하우어가 강조하는 것은 명예가 삶보다 우선순위여서는 안 된다는 것이지 명예가 중요하지 않다는 것은 아니다. 그는 이 양자 간의 전도된 관계를 경계하는 것이다. 만일 누군가가 명예를 삶보다 중요하게 여긴다면, 그것이 바로 누군가의 터무니없는 망상이다.

'남들이 뭐라고 할까?', 세론의 노예

이러한 망상은 우리 일상에서 동떨어진 특수한 현상일까? 쇼펜하우어는 우리가 일평생 쉼 없이 노력하고 수천 가지의 위험과 곤란에도 끈기 있게 애써서 다가가려는 최종 목적 중 다반사가 바로 이와 같은 타인의 견해 속에서 자신을 높이기 위한 것임을 경고한다. 인간은 관직이나 칭호, 훈장은 물론이고 부 그리고 심지어 학문과 예술조차도 주로 이러한 목적 때문에 얻고자 애쓰는 것이다. 사람들이 애써서 얻고자 하는 것, 즉 다른 사람의 더 많은 존경이 최종 목적이라면 유감스럽게도 그것은 단지 인간적 어리석음의 크기를 증명해줄 뿐임을 쇼펜하우어는 재차 경고한다.

타인의 견해에 너무 지나친 가치를 부여하는 것은 일반적으로 세상에 널리 퍼져 있는 '잘못된 망상$_\text{Irrwahn}$'이다. 이러한 잘못된 망상은 우리의 본성 자체에 뿌리박고 있거나 사회와 문명의 결과로 생겨났을 것이라는 쇼펜하우어의 해석이다. 타인의 견해에 가치를 부여하는 것 자체가 아니라 너무 지나치게 가치를 부여하는 것이 문제가 되는 잘못된 망상이다. 쇼펜하우어가 경계하는 것은 이 잘못된 망상이 우리가 하는 것과 마는 것 전체에 미치는 엄청난 영향과, 한 걸음 더 나아가 우리의 행복에 미치는 적대적인 영향력이다.

오늘날 우리 사회에도 적지 않은 영향력을 행사하곤 하는 잘못된 망상의 영향력을 추적해보면, '남들이 뭐라고 할까?'에 대한 불안하고 노예적인 주의가 나타나는 곳에서부터, 심지어 비르기니우스(Virginius. 권력자가 자신의 딸을 아내로 삼기 위해 납치하자 딸이 순결을 잃음으로써 자신의 명예가 훼손될 것을 막기 위해 딸을 살해함)처럼 자신의 비수로 딸의 심장을 찌르거나 사람들을 미혹해서 단지 사후의 명성을 위해 자신의 평온, 부, 건강 심지어 목숨마저 희생시키는 데까지 이른다. 세론에 대해 과도하게 소심해지고 심지어는 노예적으로 신경을 쓰는 현상이 불러오는 인간 현존재에 대한 위협은 실로 막강해, 때로는 명예감이나 명성이 인생을 송두리째 파괴할 수도 있다.

인간 길들이기 기술이자 삶의 파국으로서 잘못된 망상

이러한 망상은 물론 사람들을 지배하거나 조종해야 하는 사람에게 편리한 구실을 제공할 수 있다. 따라서 모든 인간 길들이기 기술에서는 명예심을 활발하게 유지하고 예리하게 만드는 기술인 지시가 중심적인 위치를 차지한다는 것이 쇼펜하우어의 통찰이다. 그러나 인간 길들이기 기술에 유용하게 악용되기도 하는 이 명예심은 인간 자신의 행복에는 전혀 보탬이 안 되는 것이다. 따라서 이러한 상황에서는 오히려 명예심은 현존재의 경계 대상이다.

사람들이 다른 사람의 의견에 너무 많은 가치를 부여하지 않도록 경계해야만 하는 대상으로 전도되는 것이 명예심이다. 명예심은 자기 자신의 행복보다 타인의 행복에 더 이바지하는 것이며, 악용되거나 남용될 땐 자신의 삶을 파국으로 치닫게 할 수도 있는 것이다. 그러므로 자신이 진정 행복하길 원하는 사람이라면 각별히 자신의 명예를 위해 역설적으로 자신의 행복을 대가로 지불하는 어리석은 행동을 하지 않도록 경계해야 할 것이다.

내 근심의 반은 눈칫밥!
다른 사람의 견해에 대한 염려

인간의 덕목 중 하나로 꼽히기도 하는 명예나 명성이 지닌 이면을 예리하게 파고드는 쇼펜하우어의 행복론은 명예심에 대한 일반적 평가와는 사뭇 다른 평가를 우리에게 제시한다. 우리가 무언가를 하거나 말거나 하는 모든 경우에 어떤 무엇보다도 타인, 즉 다른 사람의 견해를 고려하곤 한다. 그런데 자세히 들여다보면 일찍이 우리가 느낀 모든 근심$_{Bekümmernisse}$과 불안$_{Ängste}$의 거의 절반이 바로 다른 사람의 견해에 대한 염려$_{Sorge}$에서 생겼음을 보게 될 것이다. 이는 우리 근심의 절반이 눈칫밥에서 기인함을 의미한다. 이와 관련한 쇼펜하우어의 말을 들어보자.

"매우 빈번히 모욕받고, 매우 병적으로 민감한 모든 우리 자존감의 밑바닥에는, 또한 우리의 과시와 자랑뿐 아니라 모든 우리의 허영과 허세의 밑바닥에도 타인의 견해(에 대한 염려)가 자리한다."[13]

쇼펜하우어는 우리의 온갖 걱정과 근심, 안달과 성화, 불안과 긴장 등은 대부분은 타인의 견해와 관계있는 것으로서 불합리한 것임을 분명히 한다. 이와 마찬가지로 질투와 미움도 대부분 앞에서 말한 근원, 즉 우리 안에 있는 타인의 견해에서 생긴다는 것이다. 이처럼 타인의 견해에 대한 우리의 과민한 걱정은 우리의 행복에 도움이 되지 않는다. 왜냐하면 그것은 마음의 평온과 만족에 근거하는 우리의 행복에 해롭기 때문이다.

그럼에도 불구하고 타인의 견해에 대한 우리의 염려를 합리적으로 해소하는 것은 쉬운 일이 아니다. 왜냐하면 그러한 염려는 인간 본성의 자연적이고도 타고난 전도$_{Verkehrtheit}$에 관계하기 때문이다. 전도는 인간 본성에 자연적이고 타고난 것이기에 그것을 우리가 어찌하기란 쉽지 않은 것이다. 쇼펜하우어는 타키투스의 '현자도 가장 떨쳐버리기 힘든 것이 명예욕이다'라는 인용문을 통해 인간의 명예욕이 실로 만만치 않은 상대임을 분명히 하고 있다.

그렇다면 이 만만치 않은 적을 떨쳐버릴 방법은 무엇이란 말인가? 인간이 일반적으로 지닌 어리석음에서 벗어나기 위한 유일한 수단을 쇼펜하우어는 제시한다. 그것은 어리석음을 어리석은 것으로서 분명히 인식하는 것이다.

어리석음의 내용과 어리석음인 이유를 쇼펜하우어는 다음과 같이 두 가지로 제시한다. 우선 인간의 머릿속에 든 '대부분의' 견해는 그릇되고 전도되며 잘못되고 부조리한 것이므로, 그 자체로는 어떤 주의도 기울일 가치가 없음을 명료하게 해야만 한다는 것이다. 그리고 다른 하나는 대부분의 상황과 경우에서 타인의 견해가 실제로는 우리에게 영향을 별로 미칠 수 없다는 점이다. 게다가 그러한 타인의 견해는 대체로 비호의적이며, 그렇기에 거의 누구나 타인이 자신에 관해 했던 말이나 그들의 말투를 들으면 병적으로 화를 낼 수도 있는 것이다. 그러니 결국 명예라는 것 그 자체조차도 원래는 단지 간접적인 가치만 있을 뿐 직접적인 가치가 없다는 것을 명료하게 인식해야만 한다.

인간적 어리석음의 세 가지 싹: 명예욕, 허영심, 자긍심

쇼펜하우어는 이처럼 자신에 대한 타인의 견해에 대해 지나치게 염려하는 우리 본성의 인간적 어리석음은 주로 세 가지 싹에서 추동된다고 한다. 이때 인간적 어리석음이란 인간, 즉 현존재이기 때문에 본성적으로 생기는 인간 일반의 어리석음이라고 볼 수 있겠다. 세 가지 싹이란 명예욕$_{Ehrgeiz}$, 허영심$_{Eitelkeit}$, 자긍심$_{Stolz}$이다.

쇼펜하우어는 인간적 어리석음의 세 가지 싹 중 명예욕과 관련해서는 앞에서도 누차 언급했기에 생략하고, 자긍심과 허영심의 차이를 다음과 같이 주목한다.

"자긍심은 자신이 어떤 면에서 압도적인 가치를 지녔다는 것에 대한 거의 부동의 확신이다. 이에 반해 허영심이란 이러한 확신을 타인 속에서 일깨우려는 소망Wunsch이며, 대부분 그 결과 심지어 그 확신을 자기의 것으로 만들 수 있을 것 같은 은밀한 희망을 수반한다."[14]

쇼펜하우어의 인간 심리에 대한 날카로운 철학적 해부는 계속된다. 자긍심은 자기 내부에서 나온, 결과적으로 스스로에 의해, 즉 타인의 매개 없이 자신을 직접적으로 고평가하는 것인 반면에, 허영심은 그러한 고평가를 자신 외부에서, 즉 타인을 매개로 해서 간접적으로 얻으려는 노력이다. 따라서 허영심은 사람을 수다스럽게 만들지만, 자긍심은 사람을 침묵하게 만든다. 쇼펜하우어는 허영심이 강한 사람이 자신이 추구하는 타인의 높은 평가를 더욱 쉽고 확실하게 얻을 수 있는 방법은 말을 많이 하는 것이 아니라 오히려 침묵하는 것이라고 훈수를 둔다.

실제로 자신을 자긍심 있게 만들 수 있는 유일한 것은 자신이 압도적인 장점과 특별한 가치를 지녔다는 부동의, 내적인, 흔들림 없는 확신뿐이다. 자기 자신에 대한 부동의 확신은 누구나 지닐 수 있는 것은 아니기에 우리 마음처럼 쉽게 가능하지 않다. 이와 같은 자긍심의 최악의 적, 즉 가장 큰 장애물은 역설적으로 허영심, 즉 다른 사람에게 박수갈채를 받으려고 애쓰는 허영심이라고 한다. 왜냐하면 자신에 대한 고평가가 자신이 아닌 타인의 박수갈채에 근거하기 때문이다. 그러나 타인의 박수갈채를 받기가 어디 쉬운가.

이는 자긍심이 스스로에 의한 자기 고평가에 근거하긴 하지만 최악의 상황에는 타인에 의한 고평가에 의존할 수도 있다는 점에서 허영심과 마찬가지로 내적인 것이 아닌 외적인 것에 의존하게 될 수도 있음을 의미한다. 그렇게 되면 자긍심은 허영심으로 변질되므로, 그렇게 되지 않으려면 허영심이라는 적에 대한 경계를 늦추지 말아야 한다. 그러지 않으면 변질된 자긍심으로 인해 사람들로부터 끊임없이 비난받거나 비방을 듣기도 할 것이다. 이와 같은 쓴소리와 아울러 쇼펜하우어는 대부분 사람이 지닌 몰염치와 뻔뻔스러움에 맞서서 누구나 자신의 장점을 완전히 망각하지 않도록 늘 자신의 장점을 예의 주시해야 한다는 세심한 권고도 잊지 않는다.

인간 운명의 차이를 만드는 '타인의 표상'에서 해방

인간적 어리석음을 쇼펜하우어는 그의 주저에서도 다루고 있다. 그 어리석음이 인간적인 특성이며 자연의 본성인 이유는 무엇보다도 인간이 현존재라는 점에 있다. 현존재로서의 인간은 표상과 의지에 영향을 받기 때문이다. 우리의 의지에 지배되는 우리의 표상 세계는 인식과 상호작용한다.

의지의 표상과 인식의 관계는 그 태생에 있어서는 의지가 더 지배적이어서, 인간의 인식이 의지에 봉사하는 역할에 그친다. 하지만 분명한 것은 그 관계에서 인식이 오히려 의지를 지배하는 역전 현상도 가능하다는 점이다.

인간적 어리석음은 한편으로는 인식력이 약한 의지의 지배를 받는 현존재로서 인간의 태생적 운명의 결과이고, 다른 한편으로는 의지의 보조수단으로서 뒤늦게 탄생한, 의지보다 좀 더 강한 인식 능력을 지닌 이성이 그럼에도 지니는 오류 가능성에서 기인할 것이다.

그러니 우리 운명의 차이를 만드는 마지막 근본규정인 인간의 표상은 한편으로는 의지의 맹목성에 지배되면서 인간적 어리석음에 지속적으로 노출될 수 있다. 그러나 다른 한편으로는 자연이 부여한 의지의 표상을 지속시키는 인간적 어리석음이라는 것은 저 자연이 인간에게 부여한 또 다른 능력인 이성의 부단한 자기 인식을 통해 극복될 수도 있다.

나를 지배하는 3대 표상 중,
지위(가장무도회의 가면)

인간 운명의 차이를 만드는 셋째 근본규정인 인간이 표상한 것, 즉 타인의 눈에 있는 것을 쇼펜하우어는 이제 명예, 지위, 명성으로 나눈다. 쇼펜하우어는 이 세 가지에 대한 본격적인 논의를 지위Rang에 대한 매우 간략한 논의로 시작한다. 쇼펜하우어의 고찰에 따르면, 지위는 대중이나 세속적인 사람의 눈에는 대단히 중요하고, 국가 장치가 활발히 작동할 때는 그것의 쓸모도 꽤 큰 편이다. 그러나 이러한 지위는 우리의 목적인 행복을 위해서는 별로 보탬이 되지 않는다.

'지위란 인습적인, 즉 원래 가장적假裝的 가치다.' 쇼펜하우어는 지위의 작용이란 일종의 꾸며진 가장적 존경이며, 그 모든 것은 대중을 위한 희극임을 경고한다. 그리고 이 희극에서 중요한 기능을 담당하곤 하는 훈장을 대중의 여론에 부합한 어음에 다시 비유한다. 어음처럼 훈장의 가치는 발행인의 신용에 근거한다. 이제 훈장이 금전적 보답의 대체물로서 국가 재정을 대폭 절약한다는 장점을 제외하고라도, 이 훈장을 분별있고 공정하게 수여한다면 아주 합목적적 관행이 되리라는 것이다. 그러나 이와 같은 훈장이 쓸모없게 되는 경우는 불공정하거나 분별없이 또는 과도하게 훈장을 수여할 때다. 그러므로 상인이 어음에 서명할 때처럼 지도자는 훈장 수여에 신중해야 함을 경고한다.

이처럼 가장 기능을 지닌 지위란 개인 자신의 행복에 대한 기여보다는 국가의 효율적인 장치로서 더 쓸모 있는 것이라는 점을 주지할 필요가 있다. 소위 지위란 타인의 눈 중에서도 가장 강력한 타인인 국가의 눈이자 표상이기에 이러한 유혹에 대한 개인의 욕망은 쉽게 사그라들기 어려울 것이다. 국가가 주최하는 가장무도회에서 훈장은 가장 매혹적인 가면에 속할 것이다. 그러나 과연 이 가면이 우리의 행복에 얼마나 쓸모가 있을지는 잘 따져볼 사안이다. 현존재가 가면이나 어음과 같은 지위의 실체를 분명히 인식한다면, 현존재는 지위와 행복이 충돌할 때 덜 후회할 선택을 할 수 있을 것이다.

내 가치에 대한 타인의 견해에 대해 느끼는 두려움이 '명예'

쇼펜하우어는 지위에 대한 논구보다 명예에 관한 논구가 훨씬 더 어렵고 까다롭다고 한다. 그러므로 먼저 명예를 정의해볼 것을 제안한다. 명예에 대한 설명 중에 많은 사람이 마음에 들어 할 멋진 표현이라고도 할 수 있을 '명예는 외적인 양심이고, 양심은 내적인 명예다'라는 설명으로 시작한다. 그는 이러한 설명이 화려할지라도, 분명하고 철저한 설명은 아니라고 한다. 명예를 양심과 상관적으로 보는 이와 같은 설명은 명예의 정체보다는 그럴듯하게 치장한 명예의 화장술을 보여줄 뿐이다.

쇼펜하우어는 오히려 '명예란 객관적으로는 우리의 가치에 대한 타인의 견해고, 주관적으로는 이러한 견해에 대한 우리의 두려움이다'라고 규정한다. 이처럼 명예는 우리에 대한 타인의 견해라는 객관적 특징과 함께 이러한 타인의 견해에 대한 우리의 두려움이라는 주관적 특징을 지닌다. 단적으로 명예라는 표상 활동은 나에 대한 나의 견해가 아니라 타인의 견해일 뿐만 아니라 의외로 이러한 타인의 견해에 대한 기쁨이나 기대가 아니라 두려움에 기반한다는 것이다. 따라서 명예에 대한 인간의 추구는 잉여적이고 사치스러운 활동이라기보다는 타인의 평가에 대한 두려움을 차단하고자 하는 강력한 방어벽의 기능을 수행한다고 볼 수 있다.

외로운 로빈슨의 명예와 창피에 대한 감정의 뿌리

'우리의 가치에 대한 타인의 견해에 대한 두려움'이라는 명예의 주관적 특징에서 보면, 명예는 비록 순전히 도덕적인 작용을 하지는 않지만 그것을 중요하게 여기는 사람에게 종종 매우 건전한 작용을 한다. 쇼펜하우어는 모든 사람은 아닐지라도 그래도 전적으로 타락하지는 않은 사람에게 내재한 명예와 창피Schande에 대한 감정의 뿌리와 기원 그리고 으뜸으로 승인되는 대단한 용기의 뿌리와 근원을 다음과 같이 고찰한다.

"인간은 혼자서는 거의 아무것도 할 수 없기에 외로운 로빈슨이다. 단지 타인과 함께하는 공동체에서만이 인간은 존재하고 많은 일을 할 수 있다. 인간은 이런 관계를 의식이 진화하기 시작하자마자 알게 되고, 인간 공동체의 쓸모 있는 일원으로 여겨지려는, 즉 충분히 효용이 있는 인간으로서 협력할 능력이 있는 일원이 되려고 노력한다. 그리고 이로써 인간 공동체의 이익을 공유할 자격을 부여받는다."[15]

쇼펜하우어는 명예나 창피 그리고 용기의 근원을 인간에게 내재한 선량함에서 찾기보다는 유한한 현존재로서 태생적 한계에 대한 본능적인 인식과 삶에의 의지에서 찾는다. 혼자서는 아무것도 할 수 없는 외로운 로빈슨으로서의 운명을 일찍이 알아챈 인간이 살기 위해 필요한 것은 타인과 함께하는 공동체 생활이다. 인간이 공동체 일원이 되려면 먼저 누군가가 곳곳에서 그에게 요구하고 기대하는 것을 수행해야 하고, 그다음 그가 차지한 특별한 지위에 걸맞게 요구하고 기대하는 것을 수행해야 함을 쇼펜하우어는 날카롭게 고찰한다.

　외로운 로빈슨의 운명으로 태어난 인간은 생존하기 위해 누군가의 도움이 필요하고, 공동체의 일원이 되는 것이 필수적이다. 그러기 위해서 그는 공동체에게 보탬이 될 수 있는 자신의 능력을 입증해야 한다. 그리고 이와 같은 입증에 중요한 역할을 하는 것이 바로 타인의 견해라는 점을 인간은 인식한다. 따라서 타인의 호의적인 견해를 얻으려는 열렬한 분발과 더불어 이런 견해를 중요하게 여기는 마음이 생기는 것이다.

타인의 호평 상실과 얼굴 빨개짐

　이 양자는 타고난 감정의 본래성으로 나타나는데, 이런 감정은 명예심으로, 상황에 따라서는 수치심으로 불리기도 한다. 자신이 결백함을 알더라도, 심지어 드러난 결함이 단지 상대적인, 즉 무작위적으로 떠맡은 책무에 관한 것이라 해도 갑자기 타인의 호평을 잃을 것이라고 여기자마자 볼이 붉어지는 것은 바로 수치심 때문이다. 타인의 호평을 잃는 것은 호평이 필요해서 이를 얻고자 공들여 시도했던 당사자라면 얼굴이 빨개지는 부끄러운 일이 될 수도 있다. 이처럼 현존재로서 인간의 행복 여부와 정도에서 타인이 차지하는 비중은 적지 않다. 그러니 인간 운명의 차이를 만드는 세 가지 중에서 마지막 규정이 타인의 표상인 것이다.

쇼펜하우어는 우리의 일상 삶에서 타인의 호의적인 견해에 대한 확보된 또는 갱신된 확신보다 삶의 용기를 더 강하게 하는 것이 없음에 주목한다. 누군가가 타인의 호의적인 견해를 확보한다는 것은 곧 모든 사람이 힘을 합쳐 자신을 지켜주고 도와줄 것을 그에게 약속하는 것이기 때문이다. 이러한 도움은 삶의 재앙에 대항하는 데 자기 혼자만의 것보다 훨씬 거대한 방벽이 된다는 것이 쇼펜하우어의 고찰이다. 이와 같은 강력한 방벽 중에 하나인 명예를 쇼펜하우어는 시민적 명예, 직무상의 명예, 성생활의 명예 등 세 종류로 구분해 고찰하기도 한다.

명성과 명예를 쌍둥이로 표현한 이유

쇼펜하우어는 〈삶의 지혜를 위한 아포리즘〉의 첫 장에서 이미 인간 운명의 차이를 근거 짓는 마지막 근본규정인 '인간이 표상한 것'을 다음과 같이 밝힌 바 있다.

"인간이 표상한 것이라는 표현은 주지하다시피 다른 사람의 표상 속에 있는 그 사람, 즉 사람이 다른 사람에 의해 표상되는 방식을 의미한다. 그러므로 그것은 그에 관한 다른 사람들의 의견에 본질이 있으며, 그것은 명예, 지위, 명성으로 나뉜다."[16]

쇼펜하우어가 이러한 표상, 즉 타인에 의해서 표상된 나에 관한 표상에 사로잡히는 것을 자연의 본성이자 인간적 어리석음으로 고찰할 정도로 인간은 그것으로부터 쉽사리 자유로워질 수 없는 것이다. 이와 같은 인간이 표상한 것의 세 가지 부류에서 명예와 지위의 다음이자 마지막을 차지하는 것이 명성$_{Ruhm}$이다.

'명성과 명예는 쌍둥이다.' 쇼펜하우어는 명성과 명예를 쌍둥이로 표현한다. 제우스의 자식이라고 불리는 디오스쿠로이 중에 백조로 변신한 제우스와 스파르타 왕비 레다 사이에서 태어난 폴룩스$_{Pollux}$와 카스토르$_{Kastor}$는 쌍둥이다. 신화적 전승에서는 이 둘이 쌍둥이로 태어났지만 한 명은 아버지가 신인 제우스이고, 다른 한 명은 아버지가 인간인 튄다레오스$_{Tyndareōs}$라고 한다. 그리하여 쌍둥이임에도 불구하고 신을 아버지로 둔 폴룩스는 불멸적 존재로, 인간을 아버지로 둔 카스토르는 필멸적 존재로 살아갈 운명이다. 그럼에도 우애가 각별했던 이 쌍둥이 중 필멸적인 카스토르가 죽자, 불멸적인 풀룩스도 죽고자 했다. 그러자 쌍둥이의 우애에 감동한 제우스가 쌍둥이 형제 모두를 불멸의 존재로 만들었다고 한다.

쌍둥이, 불멸의 명성과 필멸의 명예의 차이

쇼펜하우어는 명성과 명예의 관계를 불사적인 풀룩스와 필멸적인 카스토르로 비유하면서 시작한다. 그는 이 둘이 쌍둥이라는 점을 통해 명성과 명예가 매우 닮은꼴이라는 점을 명시한다. 쌍둥이기에 둘을 구분하는 것이 매우 어려움을 또한 암시한다. 얼핏 본다면 우리는 명성을 명예로 착각하거나 명예를 명성으로 오인할 수 있다. 그렇게 된다면 명예에서 불사성을 기대하거나 명성에서 필멸성을 찾기도 할 것이다. 이런 착오를 피하려면 명성과 명예를 분명히 구분하는 능력이 필요하다.

그렇다면 쌍둥이인 명성과 명예의 운명은 어떨까? '명성은 필멸적인 명예의 불사적 형제다.' 쇼펜하우어는 명성을 명예의 형제로 비유한다. 명성은 필멸적인 형제를 둔 불멸적 존재다. 명성은 풀룩스처럼 불사적이니 필멸적인 존재인 인간에게는 실로 욕심나는 것이다. 그러나 쇼펜하우어는 모든 명성이 불사적으로 될 수 없음을 명시한다. 왜냐하면 당연히 각양각색의 일시적인 명성도 있기 때문이다. 따라서 불사성을 부여받을 명성이란 명성 중에서도 최상위 명성, 즉 본래적이고 참된 명성만을 의미한다. 이로써 쇼펜하우어는 명성과 명예의 위상을 구분하는 동시에 명성 자체의 구분도 덧붙인다.

쇼펜하우어는 명성과 명예가 불사성과 필멸성으로 변별되는 쌍둥이라는 첫 번째 차이에 이어서 다른 세 가지 차이를 추가한다. 이 쌍둥이의 두 번째 차이를 보면, 명예가 단지 동일한 상황에 처한 누구에게나 요구되는 특성이라면 명성은 누구에게나 요구할 수 없는 특성을 지닌다. 명예가 누구나 자신에게도 공공연하게 부여해도 되는 특성이 있는 반면에, 명성은 누구나 자신에게 부여해서는 안 되는 특성이 있다. 세 번째 차이를 보면, 명예가 우리에 관한 소식의 반경만큼 영향을 미치지만, 명성은 거꾸로 우리에 관한 소식의 반경을 넘어 명성 자신이 도달되는 반경까지 멀리 뻗어 나간다. 마지막으로 네 번째 차이를 보면, 명예란 누구나 요구할 수 있는 것이라면, 명성은 오로지 이례적인 사람만이 요구할 수 있는 것에 속한다.

명성을 얻는 두 가지 길, 행위 또는 작품

쇼펜하우어는 네 번째 차이에서 확인할 수 있는 누구나 요구할 수 있는 필멸의 명예에 비해 오로지 이례적인 사람만이 요구할 수 있다는 불멸적 명성의 특징은 오직 특별한 업적을 통해서만 얻을 수 있는 것이라고 한다. 명성을 요구할 수 있는 이례적인 사람만의 특별한 업적을 쇼펜하우어는 행위Taten 아니면 작품Werke 이라고 제시한다. 인간은 자신의 행위나 작품 활동을 통해 불멸의 명성을 얻을 수 있다는 것이다.

"행위의 길을 가도록 해주는 것은 주로 위대한 가슴이며, 작품의 길을 가도록 해주는 것은 주로 위대한 두뇌다."[17]

그러나 행위나 작품을 얻을 수 있기 위해서 필요한 것이 있다. 인간은 그것을 얻은 후에야 비로소 불멸적인 명성에 다다르는 다리를 얻게 되는 것이다. 쇼펜하우어는 명성을 얻는 첫째 길인 행위를 가능하게 하는 것으로서 위대한 심장을 제시한다. 플라톤이 『파이드로스』에서 영혼 삼분설을 통해 인간의 영혼을 이성, 기개, 욕망으로 제시한 바 있다. 쇼펜하우어가 유한적인 인간이 불멸적 명성에 도달하는 행위의 길로 이끄는 것으로 제시한 이 가슴은 플라톤이 말한 기개에 해당함을 알 수 있다. 이뿐만 아니라 작품의 길로 인도하는 것으로 쇼펜하우어가 제시한 위대한 두뇌는 플라톤의 영혼 삼분설 중 첫째에 해당하는 이성과의 닮은꼴임을 어렵지 않게 추측할 수 있다.

  유한적 인간을 불멸성으로 이끄는 것은 욕망이 아니라 바로 이성과 기개의 위대함에 달려 있다. 따라서 불멸적이고자 하는 자는 두뇌와 가슴의 위대함을 보유해야 한다. 그러나 행위와 작품은 불멸성에 대한 유효기간이 같지 않다. 쇼펜하우어에 따르면, 명성에 이르는 두 가지 방법 중에서도 행위는 일시적이고, 작품은 지속적이다. 행위가 영향력을 미칠 수 있는 기간이 작품의 영향력이 미치는 기간에 비해 짧다는 것이다. 또한 행위가 기회에 종속되는 반면에, 작품은 기회가 아닌 창작자에 달려 있다. 그러므로 불멸의 명성에 이르고자 하는 사람은 두 가지 방법이 지니는 장단점을 잘 살펴서 행해야 할 것이다.

삶의 고달픔을 품은
쇼펜하우어의 행복론

쇼펜하우어는 삶의 지혜라는 개념을 전적으로 내재적인 의미로 사용한다는 점을 〈삶의 지혜를 위한 아포리즘〉의 머리말 첫대목에서 명시한 바 있다. 삶의 지혜를 내재적 의미로 사용한다는 말을 좀 더 풀어서 이해해본다면, '삶을 가능한 한 쾌적하고 행복하게 살아내는 기예'이다. 그리고 이런 기예에 대한 지침이 바로 쇼펜하우어의 행복론이다.

이는 인간의 삶이란 행복하기에 만만치 않은 염세적인 토대를 지니고 있음을 염두에 두는 것이다. 그럼에도 불구하고 쇼펜하우어는 인간이 할 수 있는 한 행복하게 살아갈 수 있는 가능성을 열어놓고자 한다. 비록 삶이 힘들지라도 '가능한 한' 최대한 쾌적하고 행복하게 살아가는 기예를 찾아보려는 시도이자 도전임을 의미한다. 그리고 이러한 도전을 위한 지침이 바로 쇼펜하우어의 행복론이다.

행복한 현존재를 위한 사용 설명서

행복하기에 만만치 않은 삶을 조금이라도 더 행복하게 하는 것이 삶의 지혜이자 행복론이다. 그러나 이와 같은 삶의 지혜를 얻는 것 역시 녹록지 않다. 고달픈 삶과 삶의 지혜 사이에는 '인간적 어리석음'이라는 장애물이 있기 때문이다. 그러나 이 장애물은 인간에게 자연스러운 것이기도 하다. 인간이 어리석다는 것은 자연스러운 인간 본성에 속한다. 그러니 이러한 어리석음은 인간에게 예외적이기보다는 인간에게 자연스러운 것이다.

그러나 쇼펜하우어는 이러한 인간적 어리석음의 정체를 고찰함으로써 우리에게 자연스러운 어리석음으로부터 가능한 한 우리를 자유롭게 하고자 한다. 어리석음이 인간에게 아무리 자연적이고 자연스럽다고 할지라도 쇼펜하우어는 그것의 염세적 뿌리를 고찰함으로써 가능한 한 쾌적하고 행복하게 살아내고자 한다. 그러니 이에 상응하는 삶의 기예와 지침을 마련해가는 것은 필수적이다.

쇼펜하우어는 자신의 〈삶의 지혜를 위한 아포리즘〉이 시도하는 행복론이 '어떤 행복한 현존재를 위한 사용 설명서$_{\text{Anweisung zu einem glücklichen Dasein}}$'라고 한다. 행복한 현존재$_{\text{Dasein}}$는 비존재$_{\text{Nichtsein}}$보다는 선호될 수 있는 것이다. 그러나 그는 인간적 삶이 행복한 현존재라는 개념에 부합하는지에 관한 물음에 대해 '나의 철학'은 부정하지만, 행복론은 긍정한다고 머리말에서 분명히 밝힌 바 있다. 그는 자신의 주저에서처럼 그의 철학이 원래 목표로 하던 '더 고차적인, 형이상학적-윤리적인 입장'을 탈피해 행복론에서는 '일상적이고 경험적 입장'에 머문다고 밝힌다.

비록 그의 행복론이 덜 고차적으로, 즉 형이상학적-윤리적인 입장을 고수하는 것이 아니라 일상적이고 경험적인 입장을 지닌다고 할지라도, 오히려 이러한 그의 행복론이기에 인간적 삶의 행복이 수반하는 장애물과 과제를 좀 더 현실적으로 파악할 수 있는 장점이 있음에 주목해야 할 것이다.

이러한 장점은 인간 운명의 차이를 근거 짓는 세 가지 근본규정 중 첫째를 인간의 정체성으로, 둘째를 인간이 가진 것으로, 셋째를 인간이 표상한 것으로 순위 매길 때 잘 드러난다. 쇼펜하우어가 주저에서는 의지를 기점으로 해서 근거율이나 표상, 개념, 그리고 저 근거율에서 자유로운 이념 등의 용어로 세계의 정체를 고찰해간 것에 비해, 그의 행복론에서는 이와 같은 세 가지 근본규정을 통해 일상적으로 누구나 좀 더 수월하게 삶의 지혜나 행복론에 접근할 수 있는 행복한 현존재를 위한 사용 설명서를 공유한다.

운명의 차이를 만드는 세 가지의 현실적 순위 반전

쇼펜하우어는 '행복한 현존재를 위한 사용 설명서'인 행복론에서 인간 운명의 차이를 근거 짓는 근본규정 중 마지막 순위에 해당하는 인간이 표상한 것, 즉 명예, 지위, 명성에 대한 삶의 지혜를 논하는 데 가장 많은 분량을 할애한다. 이는 건강, 힘, 아름다움, 도덕적 성격, 지성, 지성의 함양을 포함하는 인간의 정체성이나 재산과 소유물을 포함한 인간이 가진 것보다 명예, 지위, 명성을 포함하는 인간이 표상한 것이 인간적인 삶을 살아가는 현존재의 행복에 더 큰 비중을 차지함을 피력한다. 세 가지 규정의 근본성 정도의 순위와 현실적 영향 정도의 순위 간에 차이가 발생한다고 할 수 있다.

인간 정체성이 인간이 소유한 것이나 표상한 것보다 더 근본적인 위상을 지니지만, 현실적으로 인간의 행복에 더 큰 영향을 미치는 것은 인간이 표상한 것이다. 그의 주저 제목인 '의지와 표상으로서의 세계'에서도 세계의 뿌리인 의지라는 개념 외에 사용된 개념이 표상이라는 개념이다. 표상이 세계를 고찰하는 표면이라면, 의지는 심층에 해당한다고 할 수 있다. 이 양자는 세계의 두 가지 얼굴이다. 그런 만큼 쇼펜하우어의 철학과 더불어 행복론에서 주목해야 할 용어가 표상임은 분명하다.

『의지와 표상으로서의 세계』의 현실판, 인간이 표상한 것

인간은 좀 더 행복하게 살고자 나름대로 최선을 다해 표상 세계를 만들어간다. 하지만 인간은 표상 세계에 의해 오히려 더 고통스럽고 더 불행해지기도 한다. 그의 행복론이 주목하는 '명예, 지위, 명성'이라는 표상은 그것이 지닌 순기능 못지않은 역기능의 치명성으로 인해 이전의 두 가지 근본규정보다 더욱더 현존재로서 인간의 행복 정도에 관여한다. 명예나 지위나 명성에 대한 과도한 욕망은 삶 자체를 위협하는 인간적 어리석음의 수준에 그치지 않고, 망상이라는 잘못된 인식의 극단으로써 삶 자체의 파괴까지 이를 수 있다는 것을 쇼펜하우어는 경고한다. 이러한 경고나 경계는 이와 같은 더 고통스럽고 불행한 상황을 타개하는 지혜이자 기예를 제공한다.

자기 표상의 정체를 성찰하면 자신이 거주하거나 갇혀 사는 세계의 정체를 알게 된다. 자신이 어떤 표상 세계에 사로잡혀 있는지를 안다는 것은 자신이 거주하고 있는 세계의 설계도를 갖는 것이나 마찬가지다. 명예, 지위, 명성을 포함하는 인간이 표상한 것, 즉 인간 운명의 차이를 만드는 세 번째 근본규정은 쇼펜하우어의 주저 『의지와 표상으로서의 세계』에 대한 일상적이고 경험적인 현실판이자 대중판이라고도 할 수 있다.

인간의 정체성이나 인간이 소유한 것도 인간 표상으로 인해 일순간 부정되거나 상실될 수도 있다. 인간의 행복에 독이 될 수도 있고 약이 될 수도 있는 것이 바로 인간의 표상이다. 쇼펜하우어는 특정 표상에 대한 과도한 집착이 우리의 건강이나 재산은 물론 역설적이게도 명성이나 지위나 명예 자체도 잃게 만들 수 있음을 경고한다. 이와 동시에 그는 우리가 우리 운명의 차이를 만들기 위한 세 가지 근본규정들과 어떤 관계를 맺으며 살아가는 것이 좋을지를 우리 스스로 고찰하도록 권한다.

◆ 자신에게 가장 좋은 것은 '자기 자신'

특히 쇼펜하우어는 누구나 그 무엇도 아닌 바로 그 자신이 자기 자신에게 가장 좋고 주된 것이고, 그렇게 해내야 함을 강조한다. 이것이 더 많을수록 그리고 그리하여 그의 향유의 원천을 그 자신 안에서 더 많이 찾아낼수록 그는 더 행복해질 것임을 강조한다. 따라서 우리의 외적인 것, 즉 타자의 견해보다는 우리 내적인 것, 즉 우리 자신, 우리의 정체성이 더 중요하고 더 소중한 것임을 우리는 알 수 있다.

이뿐만 아니라 그것이 어떤 근본규정이든 그것은 인간의 일상적이고 경험적인 차원임을 알게 되었으니, 심지어 근본규정의 첫째에 해당한 우리의 정체성조차도 맹신하지 말아야 할 것이다. 그것도 알고 보면 그 자체로 존재하는 것이 아니라 나의 의지에서 비롯된 나의 표상임을 알게 될 것이다. 그렇게 되면 나르시스의 샘물은 나르시스를 사로잡는 망상과 죽음의 장소가 아니라 자신을 사로잡고 있는 것의 정체와 더불어 그것과 우리의 관계를 깨닫는 장소, 그리하여 좀 더 쾌적하고 행복하게 살아가는 삶의 지혜를 위한 산실이 될 수 있다. 그래서 쇼펜하우어는 행복에 대해 우리에게 이렇게 설파한다.

"행복은 얻기 쉬운 것이 아니다. 우리 자신 안에서 행복을 얻기란 매우 어렵고, 다른 곳에서 행복을 얻기란 아예 불가능하다."[18]

2부

열심히 살았기에 더 지루하다

1장

궁핍을 면하자
나타나는
더 무서운 적,
지루함

궁핍 뒤 여유의 첫 얼굴, 지루함

오늘날 우리 일상은 전반적으로 풍요로워졌다. 가난에서 벗어나고자 악전고투해 온 일상에 여유라는 새로운 현상이 나타나고 있다. 누구나 언제나 여유로운 것은 아닐지라도 많은 사람이 경제적으로나 시간적으로 비교적 여유로운 일상을 보내고 있다. 대한민국도 개발도상국이 된 지 56년이 지난 2021년에 선진국이 되었다. 필자는 우리나라가 후진국일 때 태어나 대부분의 인생을 개발도상국 시기를 보낸 세대에 속한다. 그리고 아마 인생의 후반을 선진국 시기를 보내며 살 것이다.

 대한민국의 개발도상국 시기를 함께한 세대의 인생 에토스는 선진국에서 태어난 세대의 에토스와의 공통점보다 차이점이 더 많을 것이다. 나아가 세대 간 에토스의 차이뿐만 아니라 한 개인 안에서도 각자가 처한 때와 장소 또는 정체성의 차이에 따른 에토스의 차이가 생길 것이다. 세상의 변화로 인해 지금까지 개인을 지배해온 표상들의 유효성이 소리 소문도 없이 갑작스레 소멸하기 시작한다. 그러나 이와 같은 세대의 차이를 넘어서는 공통점 중의 하나는 무엇보다도 여유에 대한 삶의 기예 부재, 여유라는 에토스의 부재이다. 여유에 대처할 수 있는 일시적이고 간헐적인 에토스는 지니고 있지만, 지속적이고 검토된 에토스는 아직 우리에게 부재한다.

그런 까닭에 우리가 고생 끝에 대면한 여유의 첫 얼굴에서 발견한 것은 지루함이다. 쇼펜하우어는 고생 끝에 다가온 지루함에 대해 이렇게 통찰한다.

"궁핍과 고통이 세상을 가득 채우고 있다. 한편 궁핍과 고통을 면한 사람들을 사방에서 숨어서 기다리고 있는 것은 지루함이다."[19]

여유를 위한 또는 지루함에 대한 삶의 지혜가 있어야 함에도 아직 비어 있는 그 자리엔 혼란이 있을 뿐, 이에 대한 문제의식은 그다지 선명하지 않다. 아직은 정체 모를 불편한 혼란만이 우리를

⟨뱃놀이(Boating)⟩, 1874, 에두아르 마네(Edouard Manet)

궁핍과 고통이 세상을 가득 채우고 있다.
한편 궁핍과 고통을 면한 사람들을
사방에서 숨어서 기다리고 있는 것은 지루함이다.

에워싸고 있다. 앞으로 더욱 본격적으로 우리 일상에 노출될 지루함에 대한 삶의 지혜의 여부나 정도는 각 세대나 개인 인생의 일상적이고 경험적인 운명의 차이를 만들 매우 중요한 내적 자산이 될 것이다.

그토록 기다렸던, 그러나 아직은 당혹스러운 여유

'여유'라는 현상은 매우 낯설고, 심지어 당혹스럽기도 하다. 여유가 일상화되는 때는 부지런함과 성실함이라는 덕목이 더 이상 최고 덕목에 속하지 않는 때이다. 그것은 아직은 불특정의 누군가에게, 아니 어쩌면 바로 여기 있는 나 자신에게도 부담스럽게 보이기도 한다.

사람마다 정도의 차이는 있겠지만 과거에 비해 우리 일상에 적지 않은 여유가 생기고 있다. 주 5일 근무제 덕분에 일상이 된 이틀간의 주말, 또는 적지 않은 연휴, 평균 퇴직 나이 49세, 그리고 82세를 넘은 평균수명은 이제 지금까지와는 다른 인생의 지혜를 요구한다.

전에 없던 숙제, 풀어본 적 없던 숙제가 바로 여유, 특히 여유 시간이다. 할 일이 없는 남은 시간을 어떻게 보낼 것인가라는 전대미문의 숙제가 방금 우리에게 주어졌다.

낯선 손님의 수수께끼, '남는 시간을 어떻게 보낼 것인가?'

궁핍이라는 적군과 싸우는 전략을 위해 끝도 없는 시간을 쏟아부었다. 그러다 보니 가난과 싸우는 데는 어느 정도 이력이 나기도 한다. 돈을 버는 방법, 경제적인 성장을 약속하는 수많은 정보와 지혜들이 넘쳐난다. 돈을 버느라 남는 시간이 없었으니 한가한 시간은 당연히 없었다.

다행스럽게도 '시간 없습니다' '바빠요' '빨리빨리'가 일상이었던 시절이 계속되지는 않았다. 궁핍을 모면한 순간, 궁핍으로부터 어느 정도 자유로워진 때, 찾아온 여유라는 손님의 방문은 처음에는 너무나 반갑고 설레는 경험이다.

그러나 며칠, 몇 주, 몇 달이 지나자, 주인은 슬그머니 불편하고 두려워지기 시작한다. 이 손님과 함께 즐겁게 지낼 수 있는 놀거리, 아니 할 거리가 바닥이 난다. 주인은 이 손님이 언제 갈지 눈치를 보기 시작한다. 손님의 눈치만 보면서 지내는 그 시간의 흐름이 느리기 그지없다.

손님이 무서워지기 시작한다. 손님과 나 사이에 지루함이 태어났기 때문이다. 그러니 이 손님이 떠나길 기다린다. 그리고 가능하다면 차라리 시간이 남아도는 지금이 아니라 없어서 애탔던 그때로 되돌아가길 학수고대하게 된다.

생계 걱정에서 겨우 자유로워지기 시작한 인간은 궁핍으로부터 벗어나는 데는 어느 정도 이력이 났지만 새롭게 등장한 적인 지루함으로부터 벗어나는 데는 그야말로 초보이자 문외한이다. '남는 시간이 없던 시절'의 끝과 '남는 시간이 많은 시절'의 시작 사이에 낀 인생은 이제 '남는 시간을 어떻게 보낼 것인가?'라는 전에 없던 숙제를 풀어 나가야 한다.

여유의 과거 사진, 궁핍과의 싸움

우리를 지배해온 대표 표상이자 삶의 모토는 '열심히 살기'였다. 그래서 가까스로 우리는 열심히 살 줄 알게 되었다. 가난과 빈곤에 노출된 현존재로서의 인간이 살기 위해 지불해야 할 대가는 끝없는 노력이었다.

그러나 노력이라는 것은 인간이 선호하는 활동은 아니었다. 따라서 이 노력이라는 습관을 우리 삶에 각인하기 위해 우리는 때로는 매우 가혹한 시도를 하기도 했다. 왜냐하면 현존재로서 인간은 노력하지 않고서는 생존할 수 없었기 때문이다. 다행스럽게도 자연은 인간에게 노력을 가능하게 하는 힘을 부여했다. 자연이 인간에게 그런 힘을 준 이유는 현존재로서 인간을 사방에서 죄어오는 궁핍과의 전투를 위한 것이었다. 궁핍과의 싸움에 대한 쇼펜하우어의 말을 들어보자.

"자연이 인간에게 무장시킨 힘의 본래 사명은 사방에서 그를 죄어오는 궁핍과의 싸움이다."[20]

그러나 인간이 치르는 궁핍과의 싸움이 영원하지는 않다. 싸움의 과정도 언젠가는 끝난다. 물론 궁핍과의 싸움의 끝이 주는 평화로움도 영원하지는 않을 것이다. 어쨌든 궁핍과의 싸움이 일단 잠잠해지면 할 일이 없어진 '힘'은 인간에게 부담으로 다가온다. 그래서 이제 인간은 여유라는 낯선 손님과 함께 잘 지낼 수 있는 생존 전략이 필요하다.

자연이 인간에게 준 힘은 이제 궁핍과의 싸움에선 더 이상 쓸모가 없지만, 여전히 인간에게 존재하는 이 힘을 달리 써야 한다. 궁핍과의 싸움이 아니라 지루함과의 싸움을 위해 이 힘을 다시 활용해야 한다.

삶에의 의지의 보조도구이자
표상 세계의 출처인 '이성'

쇼펜하우어의 주저『의지와 표상으로서의 세계』는 '세계는 나의 표상이다'라는 문장으로 시작한다. 그렇다면 우리의 표상은 어디서 온 것일까? 쇼펜하우어는 우리의 표상 세계의 출처를 우리의 의지, '세계는 나의 의지다'라는 문구를 통해서 분명히 밝힌다.[21]

나의 표상 세계를 지배하는 것은 나의 의지다. 표상 세계는 외부에서 오는 것도 아니고 모든 사람이 공통적으로 지니는 것도 아니라 다만 나, 즉 나의 의지로부터 오는 것이기에 표상 세계는 다름 아닌 나의 표상이다. 그러므로 누군가가 어떤 표상에 지배될지를 결정하는 것은 그 사람이 가진 의지의 정체에 달려 있다. '무엇을 의욕하는가?'라는 물음은 '무엇을 표상하는가?'라는 물음보다 앞서 있다.

모든 존재는 살고자 한다. 그러므로 모든 존재의 근본 원리는 삶에의 의지다. 쇼펜하우어가 주목하듯이 '복잡하고 다면적이며, 무르고, 극도로 도움을 필요로 하며 무수히 상처에 노출된 존재인 인간은 존속하기 위해' 특단의 조치가 필요하다. 생존을 위한 필수품들이 결핍된 채로 단순히 의지만으로 삶을 유지하기는 어렵

〈다나이데스 자매(The Danaides)〉, 1903, 존 윌리엄스 워터하우스(John William Waterhouse)

생존을 위한 필수품들이 결핍된 채로
단순히 의지만으로 삶을 유지하기는 어렵기에,
인간은 인식이라는 능력을 개발하기 시작한다.

다. 유한한 존재인 인간은 자체적으로 인식이라는 또 다른 능력을 개발하기 시작한다. 쇼펜하우어의 말을 들어보자.

"그러므로 동물은 아무런 인식 없이 근근이 연명하던 알이나 모태에서 떨어져 나온 순간부터는 양분을 찾아내고 골라야 한다. 그 때문에 여기서는 동기에 따르고 이로 말미암은 운동이 인식을 필요하게 되고, 그러므로 인식은 의지의 객관화의 이 단계에서 요구되는 보조수단, 즉 메카네μηχανη(고대 그리스 극장에서 사용한 기중기 기계로, 인간으로서 해결할 수 없는 문제의 해결자인 신이 하늘에서 내려오는 듯이 보이도록 하는 장치-저자)로서 개체의 유지와 종족의 번식을 위해 나타난다."[22]

인간은 삶에의 의지를 구현하기 위해 보조수단으로 뒤늦게 장착한 '인식'이라는 능력의 개발에 전력 질주한다. 본능이나 신체적 능력만으로는 개체 유지나 종족 번식에 역부족이다. 그렇기 때문에 인간은 인식 능력, 특히 감각이나 지성이라는 낮은 차원의 인식만이 아니라 이성이라는 보다 고차원적인 능력을 사용해 반성이나 개념 능력이라는 활동을 부단히 지속함으로써 좀 더 오래 생존할 수 있게 된 것이다. 이로써 인간은 단지 직관적 인식에 의존했던 의지의 세계에서 한 걸음 더 나아가 직관적 인식을 반성하면서 이루어지는 또 다른 세계, 즉 이성적이고 이념적인 세계에도 거주할 수 있게 된다.

동일한 것의 영원한 반복, 의지

인간은 삶에의 의지의 실현을 위해 자신의 신체와 더불어 정신적인 능력을 부단히 강화한다. 나아가 신체적 능력과 다른 정신적 능력을 통해서 다른 생명체들과 변별적인 생존 기술들을 터득하게 된다.

그렇지만 인간이 생존하기 위해서는 신체든 정신이든 부단히 애써야 한다는 사실에는 변함이 없다. 한때 인간에게 위협적인 존재가 주로 인간 외부에 존재하는 자연적 현상들이었다면, 이제부터는 인간에게 더 이상 자연만이 아니라 같은 인간 자신이 또 다른 위협으로 자리하게 된다. 기존에 벌어진 인간과 자연 간의 싸움에서 점차 인간과 인간의 싸움으로까지 대상이 확장된다. 이 순간에는 동물에게서 우위를 점하게 하던 인간의 이성 능력이 이제 인간 자신에게 위협이 되기도 한다.

동물과 인간의 인식 능력의 차이는 거의 결정적으로 크기에 인간이 자연과의 싸움에서 생존하기 위한 노력을 할 때는 어느 정도 여유가 보장된다. 그러나 비슷한 인식 능력을 갖춘 인간과 인간 사이에 벌어지는 생존 경쟁에서 인간 자신이나 인간의 인식 능력은 휴식을 보장받기 더욱 어려워진다. 특히 인간이 근본적으로 추구하는 삶에의 의지의 맹목성은 쉽사리 충족되지 않고 무한히 반복적으로 재생산되므로 이에 상응하는 인간의 노고나 인간과 인간 간의 싸움도 무한 반복된다. 쇼펜하우어의 말을 들어보자.

"우리가 쫓거나 도망치든, 재앙을 두려워하거나 향락을 지향하든 본질적으로 마찬가지다. 어떤 형태로 나타나든 상관없이 줄기차게 요구하는 의지에 대한 근심이 지속적으로 의식을 충족시키고 움직인다. 휴지 없이는 그러나 결코 어떤 진정한 안녕도 가능하지 않다. 그렇게 되면 의욕의 주체는 익시온(그리스 신화에 나오는 인류 최초의 친족살해자로, 지옥 타르타로스에서 멈추지 않고 영원히 돌아가는 수레바퀴에 묶이는 벌을 받은 테살리아 왕-저자)이 돌아가는 바퀴에 계속 묶여 있는 것과 같고, 다나이데스 자매(다나오스 왕의 딸들로, 아버지의 지시에 따라 결혼 첫날밤에 신랑들을 살해함. 이 죄로 저승에서 구멍 뚫린 항아리에 영원히 물을 채워넣어야 하는 형벌을 받음-저자)가 밑 빠진 독에 끊임없이 체로 물을 긷는 것과 같으며, 영원히 애타게 갈망하는 탄탈로스(오만함으로 신들을 시험하는 등의 악행을 저지른 리디아의 왕으로, 타르타로스에 떨어져 영원한 갈증과 허기에 시달리는 벌을 받음-저자)와 같다."[23]

의욕의 주체인 인간이 의욕하는 대상은 끝이 없다. 그러므로 이를 위해 지불해야 하는 인간의 노동도 끝이 없다. 하나를 의욕해 그 의욕이 충족된다고 할지라도 이에 대한 만족이나 기쁨은 단지 잠시뿐이다. 인간은 자신이 소유한 것에 더 이상 만족이나 즐거움을 느끼지 못하고 금세 싫증을 느끼기 시작한다. 대상에 대한 충족이 주는 만족의 일시성은 대상 자체가 아니라 의욕하는 주체인 인간 자신에게서 기인한다. 대상으로부터 지속적인 행복이나 안정을 얻지 못하는 이유는 인간이 맹목적인 의지의 주인이 아니라 노예이기 때문이다.

인간이 의지에 종속되는 한, 인간의 이성이 의지에 봉사하는 한, 인간은 이 맹목적 의지의 변덕스러운 악순환으로부터 자유로울 수 없다. 이때 인간은 무한 반복되는 수레에 묶인 익시온의 고통을 반복해야 하고, 아무리 채워도 채워지지 않는 의지의 맹목성에 사로잡혀 다나이데스 자매처럼 밑 빠진 독에 물을 채우기에 역부족인 체를 갖고 물을 길어야 하는 것이다. 이뿐이겠는가. 심지어 아무리 먹고 마셔도 그 허기와 갈증을 채울 수 없는 탄탈로스 신드롬에 시달려야 하는 것이다.

그러니 인간이 의지의 맹목성에 지배되는 한 인간은 무한 반복하며 돌아가는 수레바퀴에 묶인 익시온과 같은 신세다. 이 악순환의 고리를 끊을 방법은 이성이 의지의 노역에서 벗어나 마침내 이성이 의지를 부정하는 것이다. 이와 같은 의지와 이성 간의 관계 전복은 쇼펜하우어의 초미의 관심사이자, 현존재로서 인간이 의지의 노역에서 오는 고통에서 벗어나 염세주의를 극복하는 결정적인 방법이기도 하다. 그리고 이 방법은 바로 그의 주저 마지막 제4권의 핵심 화두이기도 하다.

Schopenhauer

2장

인생의
두 가지 적,
고통과 지루함

열심히 살면 될 줄 알았던
인생의 배신

 궁핍에서 벗어나기 위해 인간이 부단히 사용한 노력이나 힘은 인간이 궁핍에서 자유로워지는 순간부터 별 쓸모가 없어진다. 힘이 지녀온 목적이 사라지면 힘의 존재가치도 사라진다. 당연히 그 힘을 지니고 있던 사람의 가치도 적어진다.
 토끼가 죽으면 토끼를 잡던 사냥개도 더 이상 필요 없게 되어 주인에게 잡아먹힌다고 한다. 토사구팽이다. 마찬가지로 인간이 궁핍에서 벗어나게 되면 궁핍에 사용되던 힘은 이제 부담스러운 존재가 된다. 사냥개도 할 일이 없으니 힘들고, 사냥개를 기르던 주인도 사냥개의 존재가 부담스럽다.
 이처럼 인간의 모든 노력과 힘을 기울여 피해왔던 궁핍에서 벗어나게 되면 해피엔딩이 기다려야 하겠지만 뜻밖에 불청객이 기다리고 있다. 이 남은 힘을 어찌할 것인가? 이에 대한 쇼펜하우어의 말을 들어보자.

"하지만 자유로운 여가freie Muße를 갖는다는 것은 인간의 평범한 운명뿐만 아니라 평범한 본성에도 낯선 것이다. 왜냐하면 인간의 자연스러운 직분은 자신과 가족의 생계에 필요한 것을 꾸리는 데 시간을 쓰는 것이기 때문이다. 인간은 궁핍의 자식이지 자유로운 지성이 아니다. 따라서 온갖 부자연스럽고 날조된 목적을 수단으로 각종 형태의 놀이나 오락, 장기로 시간을 때울 수 없다면 자유로운 여가는 평범한 사람에게는 곧장 부담이 되고 마침내 고문이 된다."[24]

분명한 목적을 지향하던 힘이 이제 자신의 지향점을 잃었으니, 마치 자동차 내비게이션에 목적지 입력 없이 차를 몰아야 하는 상황이다. 차는 있는데, 갈 목적지가 더 이상 없다. 쇼펜하우어가 볼 때, 누구보다도 이러한 지루함으로 고문당하는 사람은 대체로 지위가 높거나 부유한 사람들이다.

일찍이 로마의 시인이자 철학자였던 루크레티우스가 묘사한 이러한 사람들의 비참함에 대해 쇼펜하우어는 고대 로마에서뿐만 아니라 19세기에 모든 대도시에서 일어나는 일상적 현상임을 주목한다.

"저 사람은 웅장한 저택에서 자주 밖으로 나간다. 집에 머무는 것이 지겨워진 사람은, 그리고 갑자기 돌아선다, 밖에 있는 것이 실로 전혀 더 낫게 느껴지지 않아서다. 곤두박질치며 조랑말들을 몰아 시골집으로 달려간다, 불난 집에 도움을 주러 서두르듯. 시골집 문지방에 닿자마자 곧장 하품을 한다, 아니면 잠 속으로 깊이 빠져들어 망각을 구한다, 아니면 심지어 서둘러 도시로 향하고 되돌아온다."[25]

기원전 1세기에 도시 로마에서 경제적으로 풍족하게 살고 있으면서도 지루함에 시달리는 어떤 인간이 처한 비참한 상황은 쇼펜하우어가 살았던 19세기 유럽의 도시에서도 여전히 발견될 뿐만 아니라 21세기 대한민국에서도 서서히 나타나고 있다.

웅장한 저택이 있음에도 그 안이 지겨워 그는 자주 밖으로 나간다. 그러나 대저택 밖도 안과 다를 바 없이 지겹기만 하다. 갑자기 지루함을 탈출할 기발한 아이디어라도 떠올랐던 것일까? 그는 시골 별장으로 숨 가쁘게 말을 몰아 달려간다. 도시의 대저택과는 전혀 다른 시골 별장에서도 그의 지루함은 여전히 해소되지 않고

〈수확하는 사람(the Reaper)〉, 1910, 페르디난드 호들러(Ferdinand Hodler)

자유로운 여가는 인간에게 낯선 것이다.
인간의 자연스러운 직분은
그와 그의 가족의 생계에 필요한 것을 꾸리는 데
시간을 쓰는 것이기 때문이다.

동일하다. 지루함에서 벗어나지 못한 이 사람은 시골 전원을 둘러보기보다는 그곳에서 잠이나 자거나 심지어 서둘러 도시로 되돌아온다. 그의 공간과 시간, 그리고 상황의 변화가 있었지만 변화하지 않고 그의 안에 똬리를 틀고 꼼짝도 하지 않는 것이 바로 그의 지루함이다.

인간 행복의 두 가지 적인
고통과 지루함의 악순환

좀 더 행복해지고자 하는 인간을 위협하는 두 종류의 적을 쇼펜하우어는 '고통과 지루함'이라고 밝히며 다음과 같이 설파한다.

> "가장 일반적인 통찰은 인간 행복의 두 가지 적이 고통과 지루함임을 알려준다. 게다가 우리가 운 좋게 하나에서 벗어나면, 다른 하나가 다가온다는 것, 그 반대도 마찬가지라는 것을 알게 된다. 그러므로 우리의 삶은 정말로 저 둘 사이의 더 강한 진자 운동이거나 더 약한 진자 운동이라는 것이다."[26]

그러니 인생이 염세적인 이유도 바로 이 두 가지에서 비롯될 것이다. 인간 삶의 한 축을 차지하는 것은 고통이요, 다른 한 축을 차지하는 것은 지루함이다. 인간의 삶에 차이가 있다면 고통과 지루함을 두 축으로 하는 삶의 진자 운동의 강도 차이뿐이다.

물론 이와 같은 입장은 우리 삶에 관한 경험적이고 일상적인 관점을 담고 있다. 그러나 만약 누군가가 이와 같은 인생의 양극단을 차지하는 것이 고통과 지루함임을 알아챈다면, 그리고 이것의 근거를 찾아내어 해결하기 시작한다면, 이 사람의 인생은 더 이상 고통과 지루함의 진자 운동에 이리저리 휘둘리기만 하지는 않을 것이다.

그러나 일상의 많은 일들은 저 두 가지 적 모두가 아니라 그중에서도 한 가지 적, 즉 궁핍에서 오는 고통에 지배된다. 그리고 고통이라는 적에서 벗어나는 것을 목적으로 하는 인생에서 그 적과의 싸움 끝에 만나게 되는 또 다른 적이 지루함이다. 이로써 우리 인생을 좀 덜 고통스럽고 좀 더 행복하게 살아가기 위해 우리가 알아야 할 삶의 지혜는 단지 궁핍이나 빈곤 탈출만이 아니라 지루함에 관한 지혜이자 기예임이 드러난다.

고통과 지루함의 이중적 대립의 악순환 탈출법

쇼펜하우어는 인생의 두 축을 이루는 고통과 지루함의 관계를 대립Antagonismus으로 포착한다. 이 둘은 사이좋게 함께 다니지 않고 척진 채로 늘 따로 다닌다는 것이다. 인간의 관점에서 보자면 그나마 불행 중 다행인 셈이다. 고통과 지루함이라는 두 적이 쌍으로 등장한다면 인생은 이 둘과의 싸움으로 얼마나 더 괴로워질 것인가? 다행히 이 둘은 동시에 존재할 수 없고 시계추처럼 한쪽에 있을 때는 다른 쪽에 있지 않는, 대립의 정체를 지닌다.

그런데 쇼펜하우어는 고통과 지루함이라는 둘 사이의 대립이 지니는 이중적 대립에 주목한다. 대립이 지닌 이중성의 한 겹은 '외적이거나 객관적인 대립'이고, 다른 한 겹은 '내적이거나 주관적인 대립'이다. 따라서 행복을 추구하는 인간의 주요 관문은 바로 고통과 지루함이라는 적대적 한 쌍이 다시 두 겹으로, 즉 이중적으로 대립하고 있는 이 난해한 수수께끼를 차근차근 잘 풀어내는 것이다. 고통과 지루함이라는 인간 행복의 두 가지 적의 대립적 관계가 지니는 두 겹의 정체에 대한 지혜는 두 적과의 싸움에서의 승리를 위한 담보물이다. 이 담보물을 통해 우리는 덜 고통스러울 뿐만 아니라 더 행복하게 살 수 있는 삶의 지혜와 기예에 더 근본적으로 다가갈 수 있을 것이다.

첫째 수수께끼:
'고통과 지루함'의 외적이거나 객관적인 대립

쇼펜하우어는 고통과 지루함의 이중적 대립 중 첫째 대립을 외적이고 주관적인 대립에서 찾는다.

"고통과 지루함의 외적인 대립에서 보자면, 궁핍이나 결핍은 고통을 낳지만, 안전과 풍요는 지루함을 낳는다. 따라서 하류층 사람들은 궁핍, 그러므로 고통과 지속적인 싸움을 한다. 하지만 부유하고 신분이 높은 사람들은 지루함을 상대로 끊임없이, 때로는 정말로 필사적인 싸움을 벌인다."[27]

인간의 행복을 방해하는 두 가지 적 중 하나는 궁핍과 결핍에서 비롯되는 고통$_{Schmerz}$이다. 인간이 덜 행복하거나 더 고통스러운 이유는 현존재로서 인간이 지니는 궁핍$_{Not}$과 결핍$_{Entbehrung}$에서 비롯된다. 궁핍과 결핍은 인간의 삶을 고통스럽게 한다. 궁핍이나 결핍의 정도는 인간의 고통 정도에 비례하고 행복 정도에 반비례한다. 인생은 대개 궁핍이 더할수록 더 고통스럽고 궁핍이 덜할수록 더 행복하기 마련이다.

인간이 일상이나 경험으로 터득한 지혜의 시각에서 보자면, 궁핍이 심할수록 더 고통스러워지므로 이러한 고통에서 자유로워지기 위한 지름길은 행복의 첫째 적, 즉 궁핍에서 벗어나는 것이다. 그러니 일상에서 우리의 초미의 관심사는 자연스럽게도 궁핍에서 벗어나는 것, 즉 부의 축적이기 마련이다. 인간은 궁핍이라는 적을 정복하기 위해 인류의 탄생 시점부터 갖은 에너지를 쏟아부어 왔다.

'할 일 많음, 심심할 겨를 없는' 궁핍과의 싸움터

'유한성'이라는 태생적 한계를 지닌 현존재로서 인간은 궁핍이라는 적이자 추적자로부터 부단히 도주한다. 그리고 도주의 최고 방법으로 인류가 찾아낸 것은 노동이다. 하지만 일을 한다는 것은 할 일이 있다는 것이다. 인간에게 운명적으로 주어진 시간, 즉 1초를, 하루를, 한 달을, 일 년을, 인생을 보낼 수 있는 할 거리가 있다는 것이다.

노동은 한편으로는 해야 할 일, 하지 않으면 생존을 보장할 수 없게 되는 것으로, 필연적이면서도 불가피한 인간의 치명적 약점에서 비롯된다. 그러나 다른 한편으로 노동은 인간의 강점이기도 하다. 그러나 이러한 강점을 발휘하는 노동의 특징은 대체로 저

〈잠이 든 실 잣는 여인(La fileuse endormie)〉, 1853, 귀스타브 쿠르베(Gustave Courbet)

일을 한다는 것은 할 일이 있다는 것이다.
인간에게 운명적으로 주어진 시간,
즉 1초를, 하루를, 한 달을, 일 년을, 인생을
보낼 수 있는 할 거리가 있다는 것이다.

지루함이라는 복병과 대면한 후에나 가능하다. 이때부터 노동은 단지 안 하면 더 좋을 필요악이 아니라 의외의 쓸모를 지닌 유용한 것이 된다. 노동은 현존재의 생존 보장을 위한 치명적 조건일 뿐만 아니라 지루함의 모면이라는 치유적 특징을 지니게 된다.

비록 심심할 겨를도 없이 바쁜 일상일지라도 그 노동 사이에 주어지는 짬 시간은 전에 없던 달콤한 경험을 인간에게 선물한다. 노동은 생존 보장이라는 쓰디쓴 대가 외에도 삶의 즐거움이라는 짧지만 달콤함을 선사하기도 한다. 어떤 활발한 신체적 활동이나 정신적 활동도 없는 낮을 보낸 사람의 저녁은 그다지 안락하지 않으며 심지어 그의 밤은 불면으로 곤혹스럽기도 하다는 것은 더 이상 우리에게 낯선 현상만은 아니다.

알람이 필수품 리스트에서 삭제되다, 여유 탄생

궁핍과 싸우면서 인류도, 개별적 인간도 조금씩 궁핍이라는 적의 정체를 파악해가기 시작한다. 이제 궁핍은 스핑크스의 수수께끼처럼 난해하지 않으므로 예외적으로 뛰어난 인간이 아니더라도 대체로 누구나 자신이 먹고살 정도의 부를 축적할 수 있는 능력을 지니게 되었다. 그리하여 인간은 다양한 부를 축적해갔고,

축적된 부를 지속적으로 유지하는 방법들을 터득해갔다. 그러니 당연히 기대하듯이 궁핍이 초래하는 인간 행복의 첫째 적인 고통과의 싸움에서 승자는 궁핍이 아니라 인간이 차지하게 된다. 얼마나 고대하던 순간인가?

궁핍이나 결핍에 쫓겨 매일 이로부터 도망치는 삶을 살았던 인간은 이제 한시름 덜게 된다. 궁핍이라는 인생의 가혹한 추적자의 모습이 일상의 반경에서 서서히 사라지기 시작한다. 궁핍의 시종 역할을 하며 일분일초도 놓치지 않고 노심초사하며 전전긍긍하던 알람 시계도 이제 모든 일상의 필수품은 아니다. 혹독한 하루를 보냈기에 다시 일어나는 것이 그만큼 어려웠던 고단한 일상에는 강제 기상을 도울 알람이라는 조력자가 필수적이었다.

그러나 노동 시간의 단축, 여유의 탄생은 휴식을 수반한다. 그러니 서서히 강제 기상 대신 자연스러운 기상도 가능해지는 것이다. 그저 운동 시간을 확인하기 위해서나 이따금 해외여행을 위한 공항 리무진 버스 시간을 놓치지 않기 위해 간헐적으로 강제 알람이 필요할 뿐이다. 쫓기는 삶에서 느슨한 일상으로 전환되기 시작한다. 바로 그토록 고대한 여유의 시간이 일상에 자리하기 시작한 것이다.

지루함이라는 적의 원천으로서 안전과 풍요

그러나 궁핍이라는 적의 추적이 사라진 자리에 지루함이라는 또 다른 적이 출몰하기 시작한다. 이제 느슨한 일상에 지루함이라는 또 다른 추격자가 쫓아오기 시작한다. 어쩌면 궁핍에서 오는 고통보다 더 치밀하고 지독한 추격자가 지루함이다. 궁핍이나 고통은 간헐적으로 맞이하는 충족을 통해 제법 긴 시간의 괴로움이 해소되기도 한다. 그러나 대체로 생면부지인 지루함이라는 적에 대해 우리 인간은 속수무책이자 무방비 상태다.

지루함이라는 적의 출처는 안전$_{Sicherheit}$과 풍요$_{Ueberfluß}$임을 쇼펜하우어는 명시한다. 궁핍이나 결핍과의 싸움으로 얻은 전리품인 안전과 풍요 속에 은밀히 섞여 들어온 지루함은 인간의 더할 나위 없는 행복과 안녕에 대한 기대를 조용히 뒤흔들어놓는다. 궁핍과의 싸움의 전리품을 세밀하게 검토하지 않는다면, 안전과 풍요 속에 숨어들어온 지루함, 즉 자연이 인간에게 보낸 또 다른 적, 지루함과의 싸움은 백전백패로 끝날 수도 있다.

여유, 달콤 쌉싸름한 초콜릿 vs 무미건조한 무맛

궁핍과의 전쟁터에는 싸움 사이에 간헐적인 보너스로 주어지는 최소한의 할 일 없는 상태, 아니 잠시 할 일 정지 상태로서

초콜릿처럼 달콤한 휴식이 있다. 그러나 안전과 풍요로의 진입 이후에는 그토록 바라던 할 일 없는 상태, 즉 할 일 많음의 일상이 있던 자리에 무한정으로 지연되는 할 일 없는 상태가 초래된다. 이런 종류의 할 일 없음이 장기화되는 것에서 지루함이 자라난다.

장기적이고 지속적인 일 없음 상태, 여유로운 삶의 입구에서는 할 일 없음의 맛은 무맛이다. 저 달콤하면서도 쌉싸름하던 휴식의 맛은 더 이상 없다. 모든 일상이 무미건조해지기 시작한다. 일할 수 있는 능력의 발전에 대비해 관심 영역 밖에 방치되던, 일하지 않음의 능력, 놀 수 있음의 능력, 여유를 위한 능력은 거의 개발도 발전도 되지 않았다. 그러니 우리에게 할 일 없음, 여유를 위한 지혜와 기예는 부재한다. 이에 따라 일상을 점차로 지배하기 시작하는 여유로운 삶의 달콤함은 서서히, 그러나 틀림없이 무미건조함으로 변질하기 시작한다.

소수가 아닌 다수와 지루함 간의 싸움

궁핍과의 싸움 기술에 능한 누구도 안정과 풍요의 이면에 도사린 지루함의 위험에 대한 지혜의 필요성을 주목하지 않았다. 단지 예외적으로 극소수의 인간만이 지루함에 상응하는 삶의 지혜를 다소간에 지녔을 뿐이다.

그러나 궁핍으로부터의 탈출이 지상명령이었던 많은 사람에게 그와 같은 지혜는 배부른 소리에 불과했었다. 궁핍, 따라서 고통과 지속적인 싸움을 해야 했던 하류층이 지배적이었던 시절이 지나고 소위 중산층이 다수를 점하는 시절이 오면 이제까지 예외적인 소수에게나 해당하던 지루함과의 싸움은 대다수의 인간이 참전하는 싸움이 된다. 이제 지루함과 다수의 인간 간의 싸움이 시작되는 것이다.

지루함은 단지 몇몇 사람들을 괴롭히는 특수한 적이 아니라 다수를 괴롭히는, 그리하여 다수의 희생자가 발생할 수 있는 일반적인 적으로 확장된다. 쇼펜하우어가 지목했듯이, '지루함을 상대로 끊임없이 때로는 정말로 필사적인 싸움'이, 그것도 대대적으로 벌어지는 것이다.

궁핍과 마찬가지로 지루함도 인간의 생사에 치명적인 영향력을 행사한다. 이를 단지 배부른 소리이자 투정으로만 치부하고 덮어둔다면, 예상치 못한 치명적인 결과가 발생할 것이다. 왜냐하면 지루함에 대한 전략을 체계적으로 세우지 않고 대충대충 임시방편으로 대처한다면, 할 일 없는 우리의 삶은 고통스러운 지루함의 추적에서 벗어나기 위해 필사적으로 온갖 무모하거나 병적인 시도까지도 감행할 수 있기 때문이다.

　이처럼 고통과 지루함, 이 양자는 우리 행복의 적이라는 점에서 공통적이다. 하지만 이들은 인생에 함께 등장하지 않고 전자의 빈자리에 후자가 들어선다는 점에서 대립적인 관계를 지닌다. 나아가 이 대립적 관계의 출처가 인간 내부에 있는 것이 아니라 인간 외부, 즉 궁핍이나 풍요에 있다는 점에서 인간 외적이다. 더 나아가 이들은 인간 외부에 명시적으로 실재하는 것이기에 객관적이라 할 것이다.

둘째 수수께끼: 고통과 지루함의 내적이거나 주관적인 대립

　인생의 행복의 두 가지 적, 고통과 지루함 사이에 이루어지는 진자 운동의 또 다른 대립 관계는 바로 내적이며 주관적인 차원에서 나타난다. 고통이나 지루함의 원인이 인간 외부가 아니라 인간 내부에 있을 뿐만 아니라 이 양자의 원인은 서로 대립적이다. 고통과 지루함은 그 자체로도 대립적이지만 각자의 원인도 대립적이다.

쇼펜하우어는 고통과 지루함이라는 인간 행복의 두 가지 적이 출현하는 원인을 인간 내부에 있는 수용성Empfänglichkeit의 차이에서 찾아낸다.

"고통과 지루함의 내적, 또는 주관적인 대립은 개별적 인간에게서 한쪽(고통)에 대한 수용성이 다른 쪽(지루함)에 대한 수용성과 상반되는 관계에 근거한다. 왜냐하면 개인의 수용성은 그의 정신력의 양에 의해 규정되기 때문이다. 즉 정신의 둔감성은 감수성의 둔감함 그리고 자극성의 결여와 협동해 지속적으로 존재한다. 정신의 둔감한 상태는 어떤 종류나 크기의 고통이나 슬픔에도 덜 수용적이게 한다."[28]

고통과 지루함의 외적이거나 객관적인 원인은 애초에 각각 궁핍이나 결여 그리고 안전이나 풍요라는 서로 다른 범주에서 기인한다. 이에 비해 그들의 원인에 대한 내적이거나 주관적인 대립은 애초에는 수용성이라는 동일한 범주에 의존한다. 하지만 그럼에도 이들의 차이점은 오히려 고통과 지루함에 대한 수용성 자체의 차이에서 대립적으로 나타난다. 인간 개개인에게서 한쪽(고통)에 대한 수용성의 정도가 다른 쪽(지루함)에 대한 수용성의 정도와는 반대로 나타난다는 것이다.

인간 내적인 수용성의 정도 차이가 중요하다

이처럼 쇼펜하우어는 고통과 지루함의 내적이거나 주관적인 원인을 서로 상이한 범주가 아니라 수용성이라는 동일한 범주에서 찾기 시작한다. 인간 내적인 수용성의 차이가 우리 인생의 추를 고통의 방향으로 향하게 할지 아니면 지루함의 방향으로 향하게 할지 결정한다.

쇼펜하우어는 이 수용성은 정신력의 양에 의해 규정된다는 점을 명시한다. 따라서 정신의 양이 적은 상태인 정신의 둔감성은 대개 감성Empfindung의 둔감함, 그리고 자극성Reizbarkeit의 결여와 협동적으로 작용한다. 감성이 둔감하거나 자극성이 모자라면 우리의 정신은 둔감해지고 그로 인해 고통이나 슬픔에 덜 수용적이게 되고 만다.

이와 반대로 감성이 예민하고 자극성도 넘쳐난다면 인간의 정신은 둔감과 반대되는 상태가 될 것이고, 이때 인간은 고통이나 슬픔에 대해서 더 수용적이게 될 것이다. 그러므로 동일한 외적 조건에서도 정신력이 더 민감한 사람은 슬픔과 고통에 대해서도 더 민감할 것이다. 반대로 정신력이 더 둔감한 사람은 동일한 외적 조건에서도 슬픔과 고통에 대해 덜 수용적이기에 결국 덜 슬프거나 덜 고통스러울 것이다.

내면의 공허는 외적인 자극을 갈망하는 지루함의 원천

그러나 정신의 둔감성은 슬픔이나 고통에 대해 덜 수용적이라는 장점이 있지만, 내면의 공허라는 부정적 현상을 수반한다. 정신의 둔감성은 단지 하나의 얼굴만 가지고 있는 것이 아니다. 그것은 야누스처럼 인간의 행복에 호의적이기도 하고 적대적이기도 하다. 정신의 둔감성도 그 강도나 지속성에 따라서 약이 되기도 하고 독이 될 수도 있는 것이리라. 정신의 둔감성에 대한 쇼펜하우어의 말을 들어보자.

"정신의 둔감성 때문에 수많은 사람의 얼굴에 내면의 공허innere Leerheit가 나타난다. (중략) 내면의 공허가 바로 지루함의 원천이다. 내면의 공허는 정신과 마음을 무엇으로든 움직이기 위해 지속적으로 외적인 자극을 갈망한다. 그러므로 선택에 있어서 까다롭지 않다."[29]

이 내면의 공허는 바로 지루함이 발생하는 내적 원천이기도 하다. 지루함의 외적 원인이 안전과 풍요인 것에 반해, 지루함의 내적 원인은 인간 내면의 공허다. 비록 외적으로 많은 것을 지니고 있다고 할지라도 정작 자신의 내면은 텅 비어 있는 상태에 노출된 것이다. 우리 내면의 공허는 우리 정신의 둔감함에 기인한다.

지루함 초보의 곤란

비록 자신이 외적으로는 많은 것을 갖고 있음에도 불구하고 그것을 내적으로 느낄 수 없다면 어떤 일이 생길까? 아무리 많은 부가 축적되었다고 할지라도 인간 자신의 내부가 텅 비어 있는 공동화空洞化 현상이라고 할 수 있을 내면의 공허로 인해 인생은 그야말로 심심하고 지루하고 따분하기만 할 것이다.

지루함에서 탈출하기 위해서는 빈 내면을 무엇으로든 채워야 한다. 비어 있는 내면을 채우기 위한 응급조치법 찾기는 이제 지루한 인간의 필사적인 과제다. 지루함에 초보인 인간은 임시방편으로 무엇이든 쉽고 빠르게 취할 수 있는 조치를 시작한다. 다양한 외적 자극은 내면의 공허를 메우는 신속한 기술로서 선호된다.

내면의 공허를 채우지 않는다면 지루함이라는 느리면서도 끈질긴 자신 안의 적이 행복을 차단하고 그 자리에 불행을 남겨둘 것이기에 인간은 서둘러 내면의 공허를 채워야 한다. 그러나 정신이 빈곤한 사람이 자기 내면의 공허를 채우는 일은 쉽지 않다.

시간 때우기 인생의 낭비와 비참의 최상 방지책

21세기에 자주 사용되는 동영상 짤이나 유튜브 시청 등을 통한 시간 때우기 기술은 내면의 공허를 채우는 가장 손쉬운 방법이다. 내면의 공허는 어쩌면 궁핍과 여유 사이에 마치 레임덕 현상과도 같다. 우리가 궁핍에서 벗어나는 삶의 지혜와 기예를 마련하는 데는 이미 꽤 노련해진 것에 비해 궁핍에서 벗어난 이후의 삶, 즉 여유로운 삶을 잘 보내기 위한 지혜나 기예를 준비하는 데는 아직 서툴기만 한 공백기를 보내고 있는 것과 같다. 쇼펜하우어의 말을 들어보자.

"시간 때우기의 한심함과 마찬가지로 사교나 대화의 종류, 그리고 많은 문지기나 창문으로 남을 엿보는 사람을 보면 그런 사실을 알 수 있다. 주로 내면의 공허에 기인해 사교, 모든 종류의 교제와 기분 풀이, 오락과 사치에 대한 병적인 추구가 생긴다. 내면의 공허는 많은 이들을 낭비와 비참으로 이끈다. 이러한 비참을 가장 확실히 방지해주는 것은 바로 내면의 풍요나 정신의 풍요다."[30]

그러나 만일 공백기 자체가 삶 자체로 오인되어 장기화된다면, 어렵게 얻은 여유로운 인생을 절름발이 오리처럼 여유로운 삶에 대한 지혜도 기예도 없이 시간 때우기로 보내며 여생을 허비할 것이다. 그렇게 되면 지루함이나 공허함이 우리의 여유를 잠식해 들어감으로써 인생은 점점 더 마비되어 갈 것이다. 내면의 공허를 대체하기 위한 온갖 종류의 시간 때우기 기술의 최후란 바로 인생의 낭비와 비참이다.

우리가 인생을 낭비하고 비참하게 만드는 악순환에서 벗어나는 데 필요한 최상의 방지책은 무엇일까? 쇼펜하우어가 제시한 것은 바로 우리 내면의 풍요와 정신의 풍요다.

내 삶의 이유가 내 밖에 있는 '빈 둥지 증후군'

지금까지 우리의 내면을 채우고 있던 것은 무엇일까? 빈둥지 증후군에서 볼 수 있듯이 둥지 안에서 살고 있던 존재가 떠나게 되면, 둥지를 지켜오던 둥지 밖 존재는 지금까지 해오던 할 일거리나 경험을 상실하게 된다. 갑자기 내가 할 일이 없어지고 내 역할과 의미도 사라진 것처럼 느껴질 때가 있다. 이와 유사한 일은 일상에 많다. 낮 동안 나에게 주어졌던 일이 끝났을 때, 시간제 일이 끝났을 때, 자주 만나던 친구와의 관계가 소원해졌을 때, 우리는 간헐적이거나 꽤 지속적인 공허감을 느끼곤 한다.

공허감의 원천을 쇼펜하우어는 대개 내면의 공허에서 찾는다. 나의 삶의 목적이 내 안이 아니라 내 밖에 있을 때, 나는 공허감에 더 노출된다. 그러므로 만일 내적인 원인에 해당하는 문제를 외적인 것을 통해 해결하려 하면 할수록 그만큼 내적인 공허감은 커질 것이다. 따라서 공허감을 극복하기 위해 할 수 있는 더 근본적인 처방 장소는 자기 외부가 아닌 자기 안이다. 자기 삶의 목적을 자신의 외부에서 찾는 것도 중요하지만 과연 외적인 것이 내적인 것에 어느 정도까지 선행해도 될지에 관한 문제는 진지하게 검토해야 할 행복의 최전방 이슈다.

행복에 이바지하는 명랑함 vs. 그렇지 못한 우울감

물질적인 것과 같은 외적인 풍요 못지않게 행복에 중요한 것이 바로 인간 내적인 풍요, 즉 정신적인 풍요라는 점은 매우 통상적이다. 쇼펜하우어는 이에 추가하여 인간의 건강, 특히 신체적 건강의 중요성을 상기시킨 바 있다.

정신적 풍요와 신체적 건강은 모두 인간 운명의 차이를 근거 짓는 첫째 근본규정인 인간의 정체성에서 매우 강조된 항목이다. 명랑함은 인간의 행복에 크게 보탬이 된다. 그러나 이러한 명랑함을 위해서 신체적 역할 못지않게 생리적인 역할이 중요함을 쇼펜하우어는 다음과 같이 예의주시한다.

"완벽한 건강에도 불구하고 우울한 기질이나 심하게 침울한 기분이 생긴다면, 그것의 최종 근거는 틀림없이 유기체의 근본적이고 변경 불가능한 성질, 즉 대부분 신체적 자극$_{\text{Irritabilität}}$이나 재생력$_{\text{Reproduktionskraft}}$에 대한 정상적인 관계에서 더 많거나 더 적은 정신적 감수성$_{\text{Sensibilität}}$에 기인한다."[31]

인간 내적이고 주관적인 차원인 감수성의 비정상적인 초과는 기분의 기복, 주기적인 명랑함$_{\text{Heiterkeit}}$의 과도함이나 우울감$_{\text{Melancholie}}$의 우세 현상을 수반한다. 쇼펜하우어는 이러한 현상이 특히 두드러지게 나타나는 천재의 경우를 통해 신경력$_{\text{Nervenkraft}}$, 즉 감수성이 과잉되면 우울감에 노출될 수 있음을 피력한다. 그는 탁월하고 훌륭한 인간이 우울한 이유를 이와 같은 현상에서 발견한다. 이러한 현상을 통해 우리는 우울감을 극복하거나 예방하는 방법 중 하나가 과도하게 민감한 정신적 감수성을 때로는 무디게 하는 것이라는 점을 떠올릴 수 있을 것이다.

천국과 지옥을 만드는 수용성의 차이

일상에서 우리의 기분은 하루에도 수십 번씩 롤러코스터를 타는 듯할 때도 있다. 그러한 기분의 차이가 인간 외적인 조건뿐만 아니라 인간 내적인 조건에 영향을 받는다는 점을 쇼펜하우어는 위에서 언급한 수용성과 연결해 고찰한다.

누구나 좋은 기분을 느끼길 바랄 것이다. 쇼펜하우어는 타고난 근본기분$_{\text{Grundstimmung}}$의 커다란 차이를 플라톤이 표현한 침울함$_{\text{dyskolos}}$과 명랑함$_{\text{eukolos}}$이라는 표현으로 나타내고자 한다. 그는 이런 차이를 인상$_{\text{Eindrücke}}$, 즉 유쾌한 인상과 불쾌한 인상은 받아들이는 사람마다 지닌 상이한 수용성에 기인하는 것이라고 밝힌다. 따라서 동일한 인상에 대해서도 어떤 사람이 거의 절망에 이를 일을 다른 사람은 웃어넘기기도 하는 것이다.

불쾌한 인상에 대한 수용성이 강할수록 유쾌한 인상에 대한 수용성은 그만큼 약해진다고 한다. 이러한 현상은 거꾸로도 마찬가지로 나타난다.

행복한 결과와 불행한 결과가 발생할 가능성이 똑같은 사건에 대해서도 침울한 사람은 불행한 일에 대해 화를 내거나 괴로워하지만 행복한 일에 대해서도 즐거워하지 않는다. 이에 반해서 명랑한 사람은 불행한 일에 대해서 화를 내거나 괴로워하지 않으나 행복한 일에 대해서 즐거워한다. 유쾌한 인상에 대한 수용성이 더 강한, 명랑한 사람은 불쾌한 인상보다는 유쾌한 인상에 더 주목한다. 이와 반대로 불쾌한 인상에 대한 수용성이 더 강한 침울한 사람은 아홉 가지 성공한 일보다도 한 가지 실패한 일에 더 크게 반응하기도 한다는 것이다.

더 완벽한 삶을 원할수록
더 염세적인 삶으로 향할 것이다

『지금 나는 고민하지 않는 방법을 고민 중이다』의 저자 엘리엇 코헨은 우리가 일상을 관통하는 고민이나 걱정의 무한 사슬에 묶여 사는 이유를 완벽에 대한 과도한 요구에서 찾기도 한다. 우리는 좀 더 완벽하고자 한다. 더 완벽히 일을 해내기 위해서는 완벽에 방해되는 모든 방해 요인을 차단해야 한다. 더 완벽해지기 위해 더 생각해야 하고, 생각이 더 많아질수록 걱정이 더 많아지고, 더 많은 걱정은 세계와 자신의 긍정적인 면이 아니라 부정적인 면을 더 주목하게 한다. 될 일보다 안 될 일을 더 들여다보게 된다. 이런 고민은 결국 세상을 실제 현실보다 더 염세적으로 보이게 하고, 삶을 실제보다 더 힘들게 느끼도록 할 것이다.

쇼펜하우어가 지적하듯이 만사를 비관적으로 보고 항상 최악의 경우를 두려워해 그에 대한 예방책을 강구하는 자는 실수의 가능성이 적어질 것이다. 그러나 이 과정에서 수반하는 과도한 긴장, 정신적 감수성의 과잉은 인간을 더 불행하게 할 수 있다. 만약 과도한 정신적 긴장에 설상가상으로 신경계나 소화기관 질환이 겹친다면 침울한 기분은 더욱 악화할 것이다.

이러한 일은 극단적인 경우에 지속적인 불만과 삶에 대한 염증 Lebensüberdruss을 초래해 자살 성향까지 나타날 수 있다고 쇼펜하우어는 경고한다.

'과도한 삶에의 의지, 너무 완벽한 삶에의 요구'는 그것이 그 자신에 대한 것이든 타인에 대한 것이든 파국으로 치달을 수 있다. 이러한 삶은 정작 자신이 원했던 유쾌한 인상에 대한 감수성은 역설적으로 감소하게 하고, 오히려 자신이 피하고자 했던 불쾌한 인상에 대한 접촉 빈도가 높아진다. 동시에 이에 대한 감수성도 더 예민해짐으로써 자신과 더불어 주변 사람들을 더 고통스럽고 덜 행복하게 할 것이다. 너무 열심히 사는 자가 얻는 역설적 결과는 삶에 대한 더 심한 염증이다.

더 열심히 살았기에 더 허탈하다

궁핍으로부터 자유로워질 때 맞이하게 되는 것이 바로 여유다. 여유의 탄생은 궁핍으로부터의 자유를 통해 가능하다. 그러나 궁핍으로부터의 자유는 더 이상 할 일 없음 또는 할 일이 적어짐을 의미한다.

할 일이 없어진다는 것은 지금까지 자신을 지배한 궁핍으로부터의 해방이자 궁핍이 수반한 고통으로부터의 해방이 주는 설렘 가득한 선물이었다. 그러나 열심히 살았다는 것은 달리 보자면, 그만큼 자신을 압박했다는 것이자 주변 사람들도 이에 간접적으로 노출되었음을 의미한다. 따라서 열심히 살고 난 후에 자신 가까이에 남는 것은 자신도 아니고 주변 사람도 아니다. 아쉽게도, 그러나 당연히도 자신도 자신에게 멀어져 있고 주변 사람도 멀어져 있다. 자기 행복을 위해 또는 가족이나 주변 사람들의 행복을 위해 매우 열심히 살았으나 역설적으로 자신도 주변 사람들도 별로 행복해 보이지 않을 수도 있다.

우리의 일상은 때로 행복이라는 목적을 수단으로 삼아서 우리의 고통을 해결하고자 한다. 역설적으로 그 과정에서 우리의 진짜 행복은 행복이라는 목표를 위해 지속적으로 지연되고 포기된다. 결과적으로 이 모든 것을 고스란히 겪은 우리 자신도 우리 주변인도 행복하기는 어렵다. 이미 과정에서 상실한 행복을 그것의 목적지에서 찾기란 쉽지 않기 때문이다. 그 과정은 1년이 될 수도 있고, 10년이 될 수도 있고, 때로는 평생이 될 수도 있다. 행복을 대가로 치른 과정이 길어질수록 행복이라는 목표도 우리에게서 멀어진다.

과연 현재 우리 삶의 고통이 행복이라는 미지의 목적을 위해 당연시될 수 있는지 꼼꼼히 따져봐야 한다. 좀 더 잘 따져보고 살아간다면, 우리가 마침내 가난에서 벗어나서 여유가 생겼을 때 만날 첫 얼굴이 지루함은 아닐 것이다. 그리고 그 얼굴의 이면도 내면의 공허나 염증, 허탈감으로 각인되어 있지는 않을 것이다.

3장

지루함 해소를 위한
삶의 기예,
향유의 세 유형

누구나 사용 가능한
'지루함과의 싸움'의 기예

쇼펜하우어는 일이 없는 개인이 일 대신에 할 것으로서 놀이Spiel를 주목한다. 〈삶의 지혜를 위한 아포리즘〉 중 제2장 '인간의 정체성에 관하여'에서 쇼펜하우어는 지루함을 극복할 일상적인 활동의 예시로 개인의 천성적인 힘에 따라 볼링이나 체스, 사냥이나 그림, 경주나 음악, 카드놀이나 시작Poesie, 문장학이나 철학 등을 제시한다.

이와 같은 놀이는 개인의 타고난 힘에 따라 볼링, 사냥, 경주, 카드놀이, 문장학 등을 선호할 수도 있고 체스, 그림, 음악, 시작, 철학 등을 선호할 수도 있다. 놀거리에 대한 취향이 모두 같다는 법은 없다. 개인마다 자신의 취향에 따라 신체적이고 동적인 놀이를

〈그랑드자트섬의 일요일 오후(Un dimanche après-midi à l'île de la Grande Jatte)〉,
1884-1886, 조르주 쇠라(Georges Seurat)

누구나 지루함을 극복할 수 있는
공통적인 놀이가 가능하다.
부나 재산이든 명예나 명성과 같은 것이 없어도 가능한
싸움의 기술이자 향유의 기술이다.

좀 더 택하고 싶을 수도 있고, 정신적이고 정적인 놀이를 더 선호할 수도 있을 것이다.

그러나 쇼펜하우어는 또한 이처럼 각 개인이 특별히 타고난 힘의 차이에 따른 놀이와는 다른 놀이, 즉 특정 개인의 성향 차이에 관계없이 인간이라면 누구나 누릴 수 있는 놀이를 제안한다. 그것은 모든 인간의 힘 발현의 뿌리에 근거한 놀이다. 인간이라면 지루함과의 싸움을 피하기 어렵지만 이와 같은 삶의 기예는 특정인을 위한 것이 아니라 인간이라면 누구나 활용할 수 있는 인간 공통의 힘에 근거한다. 그러므로 누구나 지루함을 극복할 수 있는 공통적인 놀이가 가능하다. 부나 재산, 명예나 명성과 같은 것이 없어도 가능한 싸움의 기술이다. 나아가 이 기술을 우리는 단지 지루함과의 싸움의 기술뿐 아니라 향유의 기술이라고도 기꺼이 부를 수 있다.

쇼펜하우어는 놀랍게도 지루함과의 싸움을 위한 삶의 지혜, 행복의 기예를 인간이 이미 장착한 근본 힘 속에서 찾는다. 이러한 근본 힘은 인간이라면 누구나 예외 없이 지닌 것이니 우리는 이것을 선천적인 힘이라고 할 수 있을 것이다. 이 힘은 인간이 인간인 이상 누구나 언제나 지닌 것, 바로 고갈되지 않는 샘과 같은 것이라 할 수 있다.

지루함을 이기는 놀이의 세 가지 전략적 요충지

모든 인간이 지닌 고갈되지 않는 세 가지 힘은 재생력Reproduktionskraft, 신체적 자극Irritabilität, 정신적 감수성Sensibilität이다. 놀랍게도 이 세 가지 힘은 인간의 생리적인 차원, 즉 '세 가지 생리적인 근본 힘drei physiologischen Grundkräfte'이라는 점에 쇼펜하우어는 주목한다. 생리적인 근본 힘을 통해 우리 인간은 지루함과 싸울 수 있는 원천을 보유한다.

이 세 가지 종류의 힘은 모든 인간이 동일하게 지니고 있지만 정도의 차이는 있을 수 있다. 즉 어떤 사람은 재생력이 더 강할 수 있고, 다른 사람은 신체적 자극이나 정신적 감수성이 더 활발할 수 있다. 그러므로 인간이라면 누구나 이 세 가지 힘이 있지만, 좀 더 사용하는 힘과 좀 덜 사용하는 힘이 있을 뿐이다. 그럼에도 세 가지 힘은 인간이라면 누구나 사용 가능하다는 점은 여전히 유효하다.

쇼펜하우어는 이 세 가지 생리적인 근본 힘의 원천에 상응하는 향유의 세 유형을 소개한다. 우리가 여기서 우선 고찰할 것은 근본 힘이 지닌 놀이의 무목적적zwecklos 특징이다. 일이 목적을 수반함에 비해 놀이는 목적을 수반하지 않기에 무목적성을 지님을 우리는 추측할 수 있다. 그러므로 일이 아닌 놀이와 연관된 향유도 당연히 무목적성을 지닐 것이다. 일과 다른 유형의 인간 행동인 놀이는 행복론의 관점에서 보자면, 고통을 유발하는 지루함의 해소를 돕는 역할을 한다. 그러니 놀이나 향유도 일과 마찬가지로 목적적으로 보일 수 있을 것이다.

여기에서 놀이의 목적성의 여부를 굳이 따져본다면, 지루함 해소를 돕는 놀이나 향유의 역할은 직접적이고 필연적인 목적이라기보다는 간접적이고 우연적인 목적에 속할 것이다. 따라서 향유 활동은 직접적으로는 무목적적이고, 간접적으로만 목적적이라고 할 수도 있다.

시간 죽이기 대신 시간 살리기 놀이, 향유의 조건부

지금 우리에게 필요한 것은 우리가 일상적인 할 일 없음의 고통에서 벗어나기 위해 임시방편으로 행하는 시간 때우기 또는 심지어 시간 죽이기의 소모적인 활동에서 벗어나 오히려 남는 시간을 살리는 삶의 지혜다. 쇼펜하우어는 우리가 여유로운 일상 속에서 자연스럽게 시간을 때우거나 죽이지 않고 향유할 수 있는 가능성

〈빌뇌브라가렌의 다리(Bridge at Villeneuve-la-Garenne)〉,
1872, 알프레드 시슬레(Alfred Sisley)

지금 우리에게 필요한 것은
시간 때우기 또는 시간 죽이기의
소모적인 활동에서 벗어나
오히려 남는 시간을 살리는 삶의 지혜다.

을 독자에게 제안한다.

그것은 우리가 자연적으로 지닌 재생력, 신체적 자극, 정신적 감수성이라는 세 가지 근본 힘이 제공하는 놀이의 세 유형을 통해 가능한 향유다. 그런데 여기서 모두에게 분명히 해둬야 할 것으로 쇼펜하우어가 강조하는 것이 있다. 그것은 바로 우리의 향유는 반드시 자신의 힘을 사용하는 것을 조건부로 한다는 점이다. 그리고 다른 하나는 향유를 더 빈번하게 반복하면 우리가 더 행복할 수 있지만, 행복을 조건 짓는 힘의 종류가 더 고귀한 것일수록 행복이 더욱 커질 것이라는 점이다.

향유 놀이는 목적적 놀이가 아니기에 향유가 가진 고유한 힘의 위력은 출발지를 포함해 전체 과정에서 발생하며, 목적지라고 해서 특별히 더 강한 위력이 발생하는 것은 아니다. 향유의 고유성은 목적에 있는 것이 아니라 과정에 있고, 이 과정에서 생기는 향유의 맛은 자신의 외부가 아닌 자신의 내부에 머문다. 향유를 음미하고자 한다면 반드시 자신의 내적인 힘을 사용해야 하는 이유가 바로 여기에 있을 것이다. 자신의 힘을 사용하는 전 과정 자체가 향유의 시간이자 음미의 시간이다.

향유의 첫째 조건부: 대체 불가한 우리 자신의 힘 사용

우리를 지루함으로부터 지켜줄 방어벽이 될 우리의 향유는 우리 외부에서 발원하는 것이 아니라 우리 자신의 내부에서 발원한다. 따라서 그 향유를 끌어낼 수 있는 존재는 오직 우리 자신밖에 없다.

그 누구도 우리를 대신해서 우리의 향유를 만들어줄 수 없다. 우리 자신의 힘을 우리가 사용해야 하는 것이니 당연히 향유의 주체도 대상도 우리 자신이다. 이러한 향유는 오롯이 나 자신에게서 비롯되어 나 자신에게로 돌아온다. 나만이 그것을 만들 수 있고 나만이 그것을 만끽할 수 있다. 우리 자신의 힘의 사용을 조건부로 한다는 것은 향유에서 점한 우리 자신의 주요 위상을 명시하는 지점이다.

만약 그 활동의 주체가 자신의 외부 누군가에 의해서 대체된다면 그 향유를 음미하는 것도 자신 외부의 그 존재로 대체될 것이다. 목적적 활동은 자신이 아닌 타자에 의해서 대체되어도 그 목적을 이룰 수 있지만 무목적적 활동인 놀이와 향유는 활동의 주체가 대체 불가능하다.

활동 주체의 대체 불가능성은 바로 활동으로서 향유와 음미의 대체 불가능성에 비례함을 알 수 있다. 즉, 어떤 주체가 향유나 음미하기를 원한다면 직접 그에 상응하는 활동을 해야 한다. 향유와 음미의 주체가 되려면 그것에 상응하는 활동의 주체가 되어야 한다. 아무리 귀찮아도 귀찮음이나 지루함에서 벗어나기 위해서는 그 활동을 오롯이 나 자신이 해야 하는 것이다.

향유의 둘째 조건부: 우리 자신의 힘의 고귀함 정도

타자가 아닌 우리 자신의 힘을 사용하는 것이 우선 조건이지만, 더 중요한 관건은 우리가 사용하는 힘의 종류다. 쇼펜하우어에 따르면, 지루함에서의 자유로움의 강도나 정도는 우리가 사용하는 힘의 종류에 따라 차이가 난다. 더 고귀한 종류의 힘을 사용할수록 향유의 지속적 반복이 더 가능하게 되어 더욱 행복해진다. 인간이 사용하는 힘의 차이에 따라서 우리 향유의 종류와 정도에도 차이가 생긴다. 이러한 차이는 자연스럽게 얻게 될 우리 행복의 종류와 정도의 차이도 수반할 것이다.

인간이 사용하는 힘의 차이에 따른 향유의 차이를 이해하기 위해 철학을 기쁜 삶을 위한 기예로 바라보는 프레데릭 르누아르Frédéric Lenoir의 『철학, 기쁨을 길들이다La Puissance de la Joie』에서 말하는 지혜를 공유해보고자 한다. 르누아르는 인간이 늘 추구해 마지않는 세 가지, 즉 쾌락, 행복, 기쁨의 차이를 주목한다.

우선 르누아르는 쾌락이 가장 널리 알려져 있고 가장 즉각적인 만족을 주는 경험이라고 한다. 쾌락은 어떤 욕구나 일상의 욕망을 충족할 때 경험하는 것이다. 그러나 쾌락의 암초는 일시성과 양면성이라는 한계에 있다. 예를 들자면 오감의 만족과 같은 쾌락은 한편으로는 일시적으로만 발생하며 지속적이지 않다는 것이고, 다른 한편으로는 만약 지속되었을 경우 쾌락이 싫증으로 바뀐다는 것이다.

쾌락에 비해 행복은 한층 포괄적이고 지속 가능한 쾌락이다. 따라서 쾌락이 없으면 행복도 없지만 진정 행복해지려면 쾌락을 분별하고 절제하는 법을 배워야 한다. 따라서 행복은 수동적으로 주어지는 쾌락이 아니라 자신이 적극적으로 분별하고 절제할 수 있는 기예를 습득했을 때 가능한 것이라 할 수 있다. 따라서 르누아르는 고대인들이 정의한 이상적인 행복에서 특히 주목되는 것으로서 자족autarkeia을 꼽는다. 자족이란 유쾌한 일은 유쾌한 대로, 불쾌한 일은 불쾌한 대로 누리는 능력에 속한다. 자족은 자신의 행복을 외적인 상황이 아니라 자신의 내적인 자유를 통해 얻는 것을 말한다.

쾌락과 행복 이외에 르누와르가 새롭게 주목하는 것이 기쁨이다. 그는 기쁨을 생에 커다란 만족을 안겨주는 감정 혹은 정서로 본다. 기쁨이란 쾌락이나 행복과 달리 어떤 사건에 반응해 일정 시간 동안 일어나는, 정신적으로나 신체적으로 강렬한 경험이다. 기쁨은 우리의 생명력을 증폭시키는 위력을 지니고 있으며 나아가 이를 통해 우리는 충만한 삶을 누릴 수 있다.

프레데릭 르누아르는 책 『철학, 기쁨을 길들이다』에서 다음과 같이 말한다.

"기쁨은 대개 확 솟아오르는 느낌이 있다. 기쁨은 강렬하게 우리를 뒤흔들고, 우리를 다른 세상으로 보내고, 우리 몸을 에워싸고 장악한다. 우리는 기쁠 때 두 팔을 번쩍 들고 만세를 부르거나, 덩실덩실 춤을 추거나, 팔짝팔짝 뛰면서 노래를 한다."

르누와르가 구분한 쾌락, 행복, 기쁨의 비교를 통해 이와 같은 긍정적 경험이 인간 내적인 능력, 즉 신체적 능력이나 정신적 능력과 밀접히 연결되어 있음을 알 수 있을 것이다. 특히 쇼펜하우어는 인간의 세 가지 근본 힘을 동물과 비교해볼 때, 셋째 힘, 즉 정신적 감수성에서 인간이 다른 동물들에 비해 월등히 우세함을 강조한다. 반면 다른 두 가지 생리적인 힘인 재생력과 신체적 자극에서는 인간과 동물들이 같은 수준이거나 동물이 더 우세하다.

그러나 정신적 감수성은 동물에 비해 인간에게 있는 고유한 특징이자 보너스 같은 능력이다.

먹기, 마시기, 잠자기: 재생력 향유의 기예

쇼펜하우어는 인간과 동물이 비슷한 수준으로 갖고 있는 재생력을 원천으로 하는 향유를 우선 소개한다. 생리적인 근본 힘 중 재생력을 원천으로 하는 향유는 먹기, 마시기, 소화하기, 휴식하기, 잠자기에 그 본질이 있다. 쇼펜하우어가 이와 같은 인간 활동을 향유의 범위에 넣었다는 점을 통해 우리는 먹고 마시고 잠자는 것과 같은 단순한 활동이 단지 생존을 위한 기계적이고 수단적인 활동에 그치는 것이 아님을 확인할 수 있다.

먹기라는 활동은 인간의 생존 유지 기능뿐만 아니라 인간에게 즐거움을 주는 적극적인 향유 놀이임을 알 수 있다. 먹기 활동에서 이루어지는 다양한 체험은 인간이 음식을 씹고 맛보는 존재임을 드러낸다. 인간은 생존을 목적으로 음식을 섭취할 뿐만 아니라 치아를 움직여 잘게 자르고 부드럽게 가는 등의 활동에서도 즐거움을 느낄 수 있다. 나아가 다양한 음식이 선사하는 다채로운 식감을 느낄 수도 있다. 인간은 단지 생각만 하는 존재가 아니라 미각을 통해 음식 맛을 음미하는 존재이기도 한 것이다.

그러나 만약 인간이 '빨리빨리'라는 신조에 따라 '시간 없어요'라는 변명으로 음식을 삼키기만 하고 천천히 씹으며 음미하는 활동을 생략한다면, 인간의 삶은 물질적으로는 더 풍요로워지겠지만 심미적으로는 더 심심하고 따분하고 무료해질 것이다. 먹기는 인간의 단순하고 기계적인 도구적 활동에 그치지 않고 인간에게 다양하고 풍부한 경험을 선물한다. 따라서 마시고 소화하는 활동에도 충분한 시간을 할애하는 연습을 해야 할 것이다. 밥을 먹자마자, 소화도 되기 전에 일을 시작한다거나 성급히 디저트를 먹기보다는 식후 소화할 시간을 챙기는 습관을 들일 때, 먹은 음식도 위장장애의 원인이 아니라 우리의 살이 되고 피가 될 것이다.

먹고 마시고 소화하는 활동은 타자가 대신할 수 없고 그 활동의 결과도 타자가 소유할 수 없다. 오직 나 자신만이 먹을 수 있고 나 자신이 먹음으로써 내 자신이 음미하는 즐거움을 향유할 기회를 지닐 수 있다. 아직 궁핍하든 이미 궁핍에서 벗어났든 우리는 음식을 음미하고자 노력해야 할 것이다. 만약 그렇게 하지 않는다면, 지루함을 해소하기 위해 인간이 자연적으로 부여받은 재생력

능력은 쓸모없어지고, 이에 따라서 인간의 삶도 더 지루해져갈 것이다. 따라서 지루함이라는 행복의 적으로부터 자유로워지기 위해서는 먹고 마시고 소화하는 활동을 의도적으로 해보고 매우 능동적으로 향유하는 기예를 습득하는 연습이 필요하다.

휴식하기와 잠자기

'휴식하기'와 '잠자기'도 우리가 주목해야 할 주요 향유 활동이다. 우리의 일상은 대체로 휴식하기에 인색하다. 타자에 의해서도 인색하지만 자기 자신에 의해서도 꽤나 인색하다. 우리는 자신에게 휴식할 권리를 별로 보장하지 않는다. 아직 우리는 휴식을 잘하는 것을 자신에 대한 의무이자 미덕으로 인식하지 않는다. 여전히 휴식은 적극적으로 챙겨야 하는 것이라기보다는 시간이 남을 때 주어지는, 매우 소극적이고 수동적인 활동이다.

한병철은 『시간의 향기: 머무름의 기술』에서 이렇게 말한다.

"오늘날의 피로사회는 시간 자체를 인질로 잡고 있다. (중략) 우리는 휴가 때뿐만 아니라 잠잘 때도 일의 시간을 데리고 간다. 그래서 우리는 잠자리가 그토록 편하지 못한 것이다. 지쳐버린 성과주체는 다리가 마비되는 것처럼 그렇게 잠이 든다."

한병철은 『피로사회』란 책에서 오늘날 우리의 일상을 지배하고 있는 자기 착취 현상, 즉 타인이 권하거나 강요하지 않아도 스스로 자신에게 과중한 업무를 부과하는 현상을 주시한 바 있다. 이와 같은 성과주체로서의 인간에게 휴식하기와 잠자기가 얼마나 관심 영역에서 소외되고, 한낱 성과를 위한 도구로 평가절하되고 있는지를 비판한 바 있다.

자기 피로 유형을 고찰하고 이에 상응하는 휴식하기를 행하는 것은 오늘날 우리에게 필요한 행복을 위한 숙제다. 머리를 많이 사용하는 사람에게 필요한 휴식과 정서 노동에 많이 노출된 사람에게 필요한 휴식, 나아가 신체를 많이 사용하는 사람에게 필요한 휴식은 다를 것이다. 우리에게 더 필요한 것은 무작위적 휴식이 아니라 자기 맞춤형 휴식이기도 하다.

자신의 피로에 상응하는 맞춤형 휴식을 잘했을 때 우리의 회복력도 그에 비례해 되살아날 것이다. 그리하여 잘 먹고 쉬고 자고 나서 시작하는 하루는 우리의 일상을 더 활발하게 할 것이고, 이는 더 즐겁고 더 행복하게 하루를 보낼 수 있는 출발점을 만들 것이다. 물론 자연이 인간에게 선사한 재생력의 원천에서 나온 활동의 결실뿐 아니라 활동 그 자체도 우리에게 대체 불가한 달콤한 즐거움과 깊은 기쁨을 부여할 것이다. 이런 활동들은 우리 인생의 행복을 위한 가장 자연적이고 기초적인 수단이다.

이를 위해 굳이 돈이나 지능이 필요하지 않다. 이런 활동은 어떤 외적인 매개로부터도 자유로운 자족적이고 내적이며 최상의 가성비와 가심비를 가져오는 무-매개적인 향유다. 그러므로 우리는 우리의 즐거움을 위해 잘 먹고, 잘 자고, 잘 쉴 권리를 스스로 챙겨야 할 것이다.

걷기, 뛰기, 춤추기: 신체적 자극 향유의 기예

둘째 향유의 원천인 신체적 자극은 걸어 다니기, 뛰기, 격투하기, 춤추기, 칼싸움하기, 말타기와 각종 체육 경기 및 사냥, 그리고 심지어 싸움이나 전쟁 등의 활동에서 비롯된다. 이러한 활동 중 상당수는 아이였을 때나 유치원에서 즐겨 했던 활동이기도 하다. 우리 사회에서는 고작해야 아이일 때까지만 놀이가 허락되고, 그때가 신체 활동의 기회가 부여되는 마지노선이다. 그 이후의 일상에서 놀이와 신체 활동은 정신 활동으로 대체되는데, 그것도 자유로운 정신 활동이라기보다는 성적이나 성과를 위한 수단적이고 강제적인 정신 활동이다.

  최소한의 신체 활동만 하고 몸을 억압하는 일상은 인간이 자연스럽게 취할 수 있는 지루함 해소의 기회를 원천 봉쇄하는 데 일조한다. 다양한 종류의 신체 활동은 다양한 종류의 즐거움과 맞물려 있다. 걸어 다니기가 주는 즐거움과 뛰기가 주는 즐거움이 다른 이유는 이들이 주는 신체적 자극이 다르기 때문이다. 그러니 이런 활동이 수반하는 향유의 맛도 다를 것이다.

  다른 신체 활동은 다른 신체 자극을 부여하고, 이는 다른 즐거움을 부여한다. 또한 같은 걷기여도 장소를 달리해서 걷는다면 향유의 강도도 그만큼 달라질 수 있을 것이다. 매일 같은 장소를 걸어 다니기보다는 좀 더 다양하고 이질적인 장소를 걷는다면, 또 다른 땅이 발바닥을 통해 전하는 자극이나 또 다른 풍경이 눈을 통해 보여주는 자극의 차이로 인해 우리가 느낄 향유의 깊이와 넓이도 달라지고 풍부해질 것이다.

신체 활동의 차이, 신체적 자극의 차이, 기쁨의 차이

  인간의 온몸을 이루고 있는 다양한 살과 뼈는 움직임의 차이를 통해 우리에게 다양한 방식으로 다른 느낌을 선물한다. 걷기가 주는 느낌이나 감흥은 달리기의 그것과 같지 않다. 좀 더 정적인 움직임이나 좀 더 동적인 움직임은 정도의 차이가 나겠지만 우리 상황에 맞게 다양하게 활동하는 것이야말로 신체적인 건강이나 심미적이고 심적인 건강을 위해서도 큰 도움이 될 것이다. 누워만 있기보다는 잠시라도 서 있어보는 것, 서 있을 수 있다면, 한두 걸음이라도 움직여보는 것처럼 자신의 상황에 맞게 미묘한 차이를 두고서 자신이 움직일 수 있는 정도와 강도로 움직이는 것은 우리의 몸과 마음을 훨씬 활기차게 할 것이다.

이와 같은 향유의 차이는 뛰기나 격투하기, 춤추기와 같은 역동적인 활동에서도 마찬가지일 것이다. 달리는 장소를 바꿔보거나 달리는 시간을 좀 더 다양하게 시도해본다면 어떨까? 이른 아침의 풍경과 황혼 녘, 초저녁 풍경이 다를 것이고, 생명력이 움트는 봄에 달리는 것과 뜨거운 대지의 열기를 느끼게 되는 한여름의 달리기가 다를 것이다.

걷든 달리든 상관없이 다양한 차이들을 경험하는 것은 우리가 겪는 체험의 깊이와 넓이를 더 풍부하게 할 것이다. 이처럼 나와 자연과의 신체적인 교감을 활성화하기 위해 좀 덜 동적이긴 하더라도 서거나 걷기와 더불어 더 동적인 달리기나 춤추기와 같은 활동을 하는 순간이라면 지루함이 스며들 기회는 그만큼 줄어들 것이다.

일상의 여유 시간뿐 아니라 일하고 공부하는 중에도, 그리고 그 후나 막간에도 예외 없이 모든 인간에게 자연이 부여한 신체적 자극이라는 원천을 사용해 눈이나 고개라도 움직여본다면, 그저 일만 하는 것에 비해 보다 큰 활기를 우리에게 줄 것이다.

움직임은 그 정도나 강도에 차이는 있을지언정 인간이 살아 있는 동안에는 누구나 늘 활용할 수 있는 건강과 향유의 원천이 되는 근본 활동이다. 그럼에도 우리가 귀찮다는 핑계로 신체적 자극을 활용하지 않는다면 우리의 일상은 그만큼 더 지루해질 것이다. 이뿐만 아니라 우리 안에 있는 이 원천도 메말라서 나중에는 사용하기조차 어려워질 것이다. 아무리 자연이 준 선물이라지만 인간 스스로 잘 관리하지 않고 단지 일하는 데만 사용한다면, 인간의 몸도 마음도 병들어갈 것이다.

정관하기, 생각하기, 철학하기: 정신적 감수성 향유의 기예

재생력을 원천으로 하는 먹기에서 잠자기까지, 그리고 신체적 자극을 원천으로 하는 걸어 다니기에서 말타기 등과 같은 신체적 놀이에까지 이르는 다채로운 향유 활동은 인간이 자연적으로 지닌 것에 기반하는 활동이다. 따라서 이러한 향유를 위해서 하는 활동 중에 인간 외적인 것들, 특히 인위적으로 만들어지거나 돈 드는 일은 별로 없다. 그러한 향유를 위해 우선적으로 필요한 것은 자기 자신뿐이다. 그러므로 이러한 향유의 원천은 당연히 매우 자족적이다. 그러니 이를 하지 않는 이유는 오직 자신의 게으름이나 무관심 때문이다.

마지막 향유의 원천에 해당하는 정신적 감수성Sensibilität 역시 이에 상응하는 향유를 위해 필요한 것은 그저 자신의 정신이자 그것이 지닌 감수성이다. 쇼펜하우어는 지루함이라는 인간 행복의 적과의 싸움에서 단지 생리적이거나 신체적인 활동만을 강조함으로써 정신적인 것을 간과하는 오류를 단호히 사양한다. 또한 그는 거꾸로 정신적인 것만 강조하고 신체적인 활동을 무시하는 역-이분법적 사고 역시 경고하며 자유로운 균형감 있는 향유 활동을 우리에게 제안한다.

우리가 향유할 수 있는 정신적 감수성에서 비롯된 활동으로 쇼펜하우어가 제시하는 것은 정관하기, 생각하기, 느끼기, 시짓기, 조각하기, 음악하기, 배우기, 읽기, 명상하기, 발명하기, 철학하기 등이다. 쇼펜하우어가 앞서 제시한 다른 두 가지 원천에서 비롯된 향유들에 비해 더 많은 분량을 할애한 향유 활동이 바로 정관하기에서 시작해 철학하기로 끝나는 정신적 감수성 활동이다.

정신적 감수성을 통한 향유 활동에 해당하는 열한 가지 활동 중에 특히 낯선 활동이 첫째 활동인 '정관하기'다. 정관하기는 보는 방식의 일종이다. 쇼펜하우어의 전문 용어로 보자면, 정관하기란 '완전히 무관심한 고찰$_{völlig\ uninteressierten\ Betrachtung}$'을 의미한다. 완전히 무관심한 고찰은 삶에의 의지의 다양한 형식에 속하는데, 궁핍과의 싸움처럼 오로지 삶에의 의지에 종속되는 인식 활동과 대비되는 방식이다. 정관하기는 오히려 우리의 인식 활동이 삶에의 의지에 사로잡혀서 그 외의 어떤 것도 인식하지 않고 오직 생존만을 위해 전전긍긍하고 노심초사하는 노예 상태에서 벗어난 인식하기다.

자신의 삶을 보존하기 위해 전력투구할 때, 자신을 포함한 모든 것은 자신의 생존을 위한 수단으로서의 위치만을 지닐 뿐이다. 이때 인간이 세계를 보는 눈은 오로지 살고자 하는 의지에 의해 지배된다. 이러한 인식하기와 다른, 즉 이러한 것들에 전적으로 무관심한 상태의 인식하기 방법이 정관하기다.

인간의 인식하기의 가능성, 순수 인식하기

　인간의 인식은 살고자 하는, 생존하고자 하는, 궁핍에서 벗어나고자 하는 의지에만 사로잡혔을 때와 같은 상황에서는 개인적 목적과 관심에만 지배된다. 그러므로 이와 같은 인식은 순수한 인식하기가 아니라 삶에의 의지의 노예 상태에서 행해지는 인식하기이다. 오직 자신의 삶에의 의지에 해당하는 자신의 의욕의 실현 여부를 기준으로 자신의 희로애락이 펼쳐진다. 단지 자신의 의지를 충족하는 활동만이 기쁨과 행복을 주고, 이에 반대되는 활동은 고통과 불행을 수반하게 된다.

　그러나 쇼펜하우어는 인간의 인식이 이처럼 항상 삶에의 의지에 의해서만 지배되는 것은 아님에 주목한다. 그리하여 삶에의 의지로부터 자유로운, 그리하여 삶에의 의지에 봉사하는 노고에서 벗어난 인간의 인식하기의 가능성을 그는 기꺼이 주목한다. 그의 주저의 절반에 해당하는 제3권과 제4권은 바로 이와 같은 인식인 순수 인식하기reines Erkennen에 대해 철학적으로 고찰한다. 이렇듯 쇼펜하우어가 꼽은 최고의 인식 활동인 순수 인식하기의 대표적인 인식 방법이 바로 정관하기다.

◆ 행복한 세계로의 이동의 핵심 기예인 '정관하기'

정관하기 외에도 순수 직관하기$_{reines\ Anschauen}$나 순수 관조$_{reine\ Kontemplation}$처럼 의지의 지배에서 벗어난 인간의 인식하기로서 쇼펜하우어가 주저에서 꼽고 있는 인식하기가 있다. 이러한 인식하기는 인간만이 지닌 가장 고급의 향유를 인간 자신에게 제공한다.

쇼펜하우어는 이러한 인식 체험의 예시를 그의 주저인 『의지와 표상으로서의 세계』 제3권 §38에서 밝힌다. 그 예시에 따르면 열정이나 고난과 근심으로부터 고통받는 사람도 자연을 향한 단 한 번의 자유로운 시선만으로도 갑자기 원기가 회복되고 명랑해지고 기운이 날 수 있다는 것이다. 이러한 체험을 가능하게 하는 것이 순수 관조나 직관 그리고 정관하기와 같은 정신 활동이다. 그리고 그러한 활동에서 드러난 것은 더 이상 표상이나 현상이 아니라 이념$_{Idee}$이다.

궁핍의 고통, 그리고 그것의 역설적 후속타인 지루함이 주는 염세적 현실에서 자유로울 수 있는 가장 강력하고 지속적이고 근본적인 방법을 쇼펜하우어는 인간의 외부가 아닌 인간 내부, 특히 인간의 인식하기 중 순수 인식하기에서 끄집어낸다.

염세적인 세계에서 행복한 세계로의 전환은 인간의 외부보다는 인간 내부, 즉 심미적 순수 인식 방법인 정관하기$_{Beschauen}$에서

〈주이더 지 근처 옥수수밭 길(Road through Fields of Corn near the Zuider Zee)〉,
1660-1662, 야코프 반 로이스달(Jacob van Ruisdael)

열정이나 고난과 근심으로부터 고통받는 사람도
자연을 향한 단 한 번의 자유로운 시선만으로도
갑자기 원기가 회복되고 명랑해지고
기운이 날 수 있다.

시작해 철학적 순수 인식 활동인 관조하기와 같은 철학하기 Philosophieren 활동을 할 때 가장 활발하게 펼쳐진다. 이러한 인간이 바로 쇼펜하우어의 이상적인 인간상이라고 할 수 있을 미적 정관자der ästhetische Beschauer나 순수 주관reines Subjekt이다.

우리가 어떻게, 어느 정도로 사용하는가가 향유의 관건

재생력을 원천으로 하는 먹기, 마시기, 휴식하기, 잠자기부터 신체적 자극을 원천으로 하는 걸어 다니기, 뛰기 등과 같은 향유의 기예, 그리고 마지막으로 정관하기나 철학하기와 같은 정신적 감수성을 원천으로 하는 향유의 기예는 모두 자연적으로 인간이 지니는 향유력을 원천으로 한다는 점에서 동일하다. 하지만 각각의 향유 기예가 지닌 향유력의 지속적 연속성 기준에서 본다면 차이점도 적지 않다.

먹기를 통해 향유를 지속하고자 한다면, 먹는 활동을 지속해야 한다는 한계가 있다. 이는 과식과 폭식이라는 부작용을 초래할 수 있다. 걸어 다니거나 뛰기의 경우도 이와 유사한 한계를 지니고 있다. 계속 달리고자 한다면 달리는 동안 나오는 호르몬의 과한 분비로 인한 부작용과 더불어 신체에 무리가 생기게 되고, 이는 병이 될 수도 있을 것이다. 따라서 재생력과 관련된 향유 활동이나 신체적 자극을 통한 향유 활동에 있어서는 자신의 적정선을 잘 알고 이를 유지하는 지혜가 필요할 것이다.

아무리 좋은 약이라도 자신에게 맞는 정량을 지키지 않고 너무 많이 복용하거나 너무 적게 복용하면 약은 효과를 보기도 어렵고 부작용에 시달릴 수 있을 것이다. 어떤 약도 그 자체로 좋은 약은 없다. 좋은 약이란 자신이 자신에게 맞는 약을 용량에 맞게 복용할 때만 좋은 것이다. 즉 파르마콘$_{\text{Pharmakon}}$(약과 독이라는 의미를 동시에 가지고 있는 용어)처럼 향유를 위한 활동도 그 자체로 좋고 나쁜 것이 아니라 우리가 어떻게, 어느 정도로 사용하는가가 향유의 관건일 것이다.

이와 같은 두 종류의 향유 활동이 지니는 한계에서 벗어나 비교적 자유로운 향유 활동이 바로 셋째 향유 활동들이다. 첫째와 둘째 향유 활동은 르누와르가 주목한 쾌락의 암초가 지닌 일시성이나 양면성과 유사한 한계를 지닌다. 오감의 만족과 같은 쾌락은 일시적으로만 발생하며 지속적이지 않다는 점, 그리고 만약 지속되었을 경우 쾌락이 싫증으로 바뀐다는 점을 한계로 가지고 있다.

그러나 정신적 감수성에 해당하는 활동들은 상대적으로 더 지속적일 뿐만 아니라 양면성에서도 훨씬 자유롭다는 탁월한 이점을 지닌다.

필리스터, 즉 속물이란 정신적 욕구가 없는 인간이다

쇼펜하우어는 보통의 지적 능력 정도가 상당히 빠듯해서 어떤 정신적인 욕구도 지니지 않는 인간을 독일어로 필리스터, 즉 속물이라고 부른다. 필리스터는 대학생활에서 유래되어 삶의 기쁨이나 미에 대한 감각을 중시하는 (대)학생들과는 대조적인 정신적 태도를 지닌 사람들을 지칭했지만, 이후에는 문학이나 예술에 대한 논쟁의 맥락을 지닌 용어로서 좀 더 고상한 의미로 정신적 욕구나 정신적 향유를 누리지 못하는 사람, 즉 뮤즈의 아들과 반대되는 사람을 의미한다. 필리스터라는 용어는 직역하자면 음악이 없는 사람 αμουσος ανηρ이고, 넓게는 예술적 감수성이 결핍된 사람이다. 이와 같은 통상적인 용법과는 달리 쇼펜하우어 자신은 필리스터를 '실재하지도 않는 어떤 실재에 항상 가장 심각하게 몰두하는 사람'이라고 정의한다. 즉, 속물인 개인이 실재한다고 간주하는 것은 실은 실재하지 않는 것이다. 그런 실재를 유일한 실재로서 간주하는 사람을 속물이라고 부른다. 그런데 이와 같은 정의를 대중이 이해하기 어려우므로 다시 속물을 '정신적 욕구가 없는 사람'이라고 쇼펜하우어는 정의한다.

그렇다면 정신적 욕구가 없는 속물에게 과연 어떤 일이 생기는가? 속물이 유일하게 실재하는 것으로 믿는 그것은 무엇일까?

▎참된 욕구가 없는 속물에게 남아 있는 것, 감각적 향유

속물은 우리가 살펴보았던 셋째 향유의 원천인 정신적 감수성과 관계되기도 하는 정신적 욕구가 부재하는 인간이다. 이러한 속물의 첫째 결과는 자신 자체에 관한 것, '참된 욕구가 없으면 참된 향유도 없다'는 근거율에 따라, 아무런 정신적 향유도 누리지 못한다는 것이다.

정신적 욕구가 결핍된 속물은 자신의 현존재에게 활기를 불어넣을 인식과 통찰을 위한 어떤 충동도 없고, 이것과 매우 유사한 원래의 미적 향유에 대한 충동도 없다. 정신적 능력의 결핍으로 정신적 욕구를 지니지 못한 속물이 현실적으로 즐길 수 있는 수단은 그저 감각적인 향유뿐이다.

이러한 속물적 현존재가 향유하는 것의 정점은 굴이나 샴페인이며, 그의 인생의 목적은 단지 육체적 안녕에 기여하는 무엇이든 마련하는 것이다. 필리스터에게 실재하는 것이란 바로 이와 같은 것들이다.

지루함에 빠져들지 않기 위해 속물은 무도회, 연극, 사교, 카드놀이, 도박, 승마, 유흥, 음주, 여행 등 고안해낼 수 있는 무엇이든 시도한다. 그러나 다양한 향유 중에 재생력이나 신체적 자극과 관련된 향유 외의 것, 즉 정신적 감수성과 관련된 향유를 제외하고서는 지루함을 달래기에 역부족이다. 쾌락을 통해 살펴보았듯이 감각적 향유는 금세 고갈되어 지루함이나 싫증으로 유턴하기 때문이다.

속물의 차선책, 신체적 욕구를 충족시켜주는 사람만을 추구

속물의 근본 속성에서 둘째로 속물을 뒤따르는 것은 바로 그 자신이 아닌 타인과 관련된 것이다. 주지하다시피 속물은 정신적 욕구는 없고 단지 물질적$_{physisch}$ 욕구만을 지니고 있기에 그가 추구하는 사람은 그의 정신적 욕구를 충족시켜주는 사람이 아니라 신체적 욕구를 충족시켜주는 사람이다. 심지어 그가 정신적 능력을 지닌 사람을 만나게 된다면 이에 따라 혐오나 증오마저 유발

된다고 쇼펜하우어는 날카롭게 지적한다.

 이와 같은 속물에 대한 분석을 통해서 정신적 욕구가 결핍된 사람, 아니 바로 정신적 능력이 결핍되었을 때 인간이 지루함과의 싸움에서 보는 손해가 얼마나 큰지가 여실히 드러난다. 이와 같은 모든 속물의 최대 고뇌는 그들이 이념적인 것에서 어떤 즐거움도 얻지 못하기에, 지루함에서 벗어나고자 한다면 항상 단지 현실적인 것만을 필요로 한다는 데 있다. 그러나 현실적인 것은 부분적으로는 곧장 고갈되어 즐거움 대신 피로를 주고, 부분적으로는 온갖 종류의 재앙을 초래한다. 이에 반해 이념적인 것은 무진장하고, 그 자체로 무구하고 무해하다. 그러나 이념적인 것은 속물이 <u>스스로</u> 거부한 까닭에 모든 속물의 최대 고뇌는 해소되기 실로 어렵다고 할 수 있을 것이다.

이념, 쇼펜하우어의 낙관주의적 세계관의 원천

 속물이 향유하기 어려운 이념적인 것은 정신적인 것이지 물질적인 것이 아니다. 그러므로 이를 얻기 위해 신체적 노고가 주요하게 필요치 않다. 쇼펜하우어의 주저에서 중요한 용어 중 하나, 아니 가장 중요한 용어가 바로 '이념'이다. 우리의 세계관에서 표상이 의지의 지배를 받는 존재 또는 이 존재들로 이루어진 세계라면, 이와는 달리 이념이란 의지의 지배에서 벗어난 것이자 오히려 의지를 지배하는 것이며, 이때 세계는 더 이상 표상이 아니라 이념들로 이루어진다.

물론 표상 세계든 이념 세계든 인간이 생존하는 한 의지는 그곳에 여전히 존재한다. 다만 이 두 세계의 차이는 의지의 여부가 아니라 의지와 인식 간의 관계의 차이다. 의지와 인식의 관계로 본 표상과 이념의 차이는 의지의 노예로서 인식인지, 아니면 오히려 의지의 주인으로서 인식인지에 근거한다. 따라서 쇼펜하우어가 그의 주저의 제목을 '의지와 표상으로서의 세계'라고 정한 것은 오해 소지가 크다고 할 수 있다.

필자의 생각으로는, 그의 주저의 내용, 즉 총 네 권을 관통할 수 있는 제목으로는 '표상과 이념으로서 의지의 세계'가 적절할 것으로 보인다. 의지와 표상으로서의 세계는 그의 주저의 절반만을 담고 있는 제목이리라.

쇼펜하우어의 주저에서 염세주의적인 세계관을 담고 있는 부분은 바로 의지의 표상으로서의 세계에 해당한다. 하지만 이념으로의 세계는 염세주의 세계와 변별되는 낙관적인 세계관이 가능하다는 근거를 담고 있다.

의지 지배적인 표상 세계 & 순수 인식 지배적인 이념 세계

이처럼 쇼펜하우어의 세계관에서 핵심이 되는 의지의 두 축이 표상과 이념이다. 우리는 표상이 더 지배되는, 그리하여 의지의 맹목적이고 변덕스러운 작용에 더 지배되는 삶을 살 수도 있고, 이와는 달리 오히려 의지의 정체를 인식해 의지의 지배에서 좀 더 자유로운 세계에서 살 수도 있다. 우리의 세계는 이 두 세계 중에서 오직 하나를 택일하는 이분화된 세계라기보다는, 이 양자가 공존하는 세계이자 이 양자의 정도 차이로 이루어진 세계일 것이다.

우리의 인생에서 의지 지배적인 표상 세계와 이성 지배적인 이념 세계 중에, 후자인 이념적인 세계의 정도를 좌우하는 역할을 하는 것은 의지가 아니라 인식이다. 그리고 인식 중에서도 순수한 인식하기다.

순수 인식하기의 활동 기예를 우리는 정신적 감수성의 첫째 예시였던 정관하기에서 시작해 마지막 활동인 철학하기와 같은 활동을 통해서 실천할 수 있다. 이와 같은 정신적 활동을 좀 더 자유자재로 자신의 일상에서 실천할 수 있다면 우리는 그만큼 자유로워지고 일상적으로 행복할 수 있을 것이다.

향유는 명사가 아니라
동사인 이유

쇼펜하우어는 놀랍게도 세 가지 향유에 속하는 놀이들을 모두 명사형이 아닌 동사형으로 제시한다. 따라서 향유의 고유성은 이름이나 개념에 있지 않고 '인간의 활동하기'에 있다. 향유의 세 가지 원천인 재생력과 신체적 자극, 정신적 감수성은 인간이 생존하는 한 지속적으로 제공되는 무진장의 원천이다. 쇼펜하우어는 향유 활동을 다층적으로 제시한다. 우리는 먹기에서 시작해 걸어 다니기를 지나 철학하기에 이르는 다양한 종류의 향유 활동을 통해 쇼펜하우어의 향유 활동의 다층적 스펙트럼을 확인할 수 있다.

우리 인간은 세 가지의 본질을 이루는 다양한 활동들을 가능하게 하는 세 종류의 향유 중에 각자 자신에게 더 맞는 향유를 때맞춰 선택해서 지루함을 극복할 수 있을 것이다. 쇼펜하우어가 제시한 향유의 예시들을 실행해보면서 우리는 단지 지루함 극복제라는 소극적 가치뿐만 아니라 인간 존재의 생리적 층위, 신체적 층위, 정신적 층위와 같은 다양한 층위의 건강을 눈여겨보고 보듬을 수 있는 적극적 가치를 얻을 수 있다. 따라서 인간의 즐거움의 산실이라는 또 다른 가치도 보너스로 받을 수 있을 것이다.

시간 살리기에서 내 인생 살리기

쇼펜하우어는 염세적인 세상에서도 자기 자신 자체가 자신의 제1호 자산인 사람이 사는 세상을 반짝이는 불빛과 훈훈하고 재미나는 것들이 풍부한 크리스마스의 거실에 비유한다.

"게다가 일반적으로 세상은 나쁜 것이 지배하고 어리석음이 발언권을 갖는다. 운명은 잔인하고 인간은 가련하다. 이런 세상에서 자기 자신 자체로 풍부한 자는 마치 12월 밤의 눈과 얼음 한가운데에서도 밝고 따뜻하고 재미있는 크리스마스의 거실에 있는 것과 같다."[32]

비록 외적인 소유물이 적고 명성이나 명예가 그다지 없다고 할지라도 그 자신의 정체성이 풍요로운 사람이라면 운명의 잔인한 시련 속에서도 단지 가련한 인생이 아니라 꽤나 재미나고 훈훈한 인생을 보낼 수 있다는 것이다.

지루함은 그 자체로 삶의 적이 아니라 삶의 다양한 현상 중 하나다. 그러나 지루함과 우리가 어떤 관계를 맺어가는가에 따라서 지루함은 일시적인 삶의 현상이 될 수도 있고 가난보다 더 끔찍한 삶의 적이 될 수도 있다. 우리에게 필요한 것은 고정불변하는 하나의 절대적인 진리라기보다는 현존재로서 살아가는 우리 각자의 시간과 장소와 상황의 차이에 걸맞은 삶의 지혜다. 차이를 품는 삶의 지혜는 단지 시간 죽이기에 대항하는 시간 살리기에 쓰이는 것만이 아니라 시간을 넘어서 다양한 인생을 살리는 지혜이자 기예가 될 수 있을 것이다.

— 에필로그 —

고된 삶에 대한
행복한 인생 사용 설명서

"우리의 삶은 고통스럽고 고되지만, 대지의 정령이 웃으며 이렇게 말하리라.

'개체들과 그들의 힘이 흘러나오는 원천은 시간이나 공간처럼 고갈되지 않고 끝도 없다. 시간과 공간이 모든 현상의 형식이듯이 개체들과 그들의 힘만이 바로 현상, 의지의 가시성이기 때문이다. 저 고갈되지 않는 원천은 유한한 척도로는 고갈시킬 수 없다. 따라서 싹이 잘린 모든 사건 또는 작업도 여전히 반복될 가능성이 줄지 않고 무한히 열려 있다. 이 현상의 세계에는 진정한 손실도 진정한 이득도 가능하지 않다. 의지만이 존재한다. 의지, 사물 자체인 의지는 모든 저 현상들의 원천이다. 의지의 자기 인식과 그것에 근거해서 결정되는 긍정과 부정이 유일한 사건 자체다.'"[33]

흙수저, 은수저, 금수저 중 어떤 수저가 우리 인간을 더 행복하고 덜 불행하게 할까? 인간이 현존재이기에 지닌 것들이 모두 취약점인 것만은 아니다. 인간이 현존재이기에 지닌 장점들도 풍부하다. 자연은 우리에게 고난이기도 하지만 우리가 고난을 극복할 수 있도록 하는 풍부한 자원이기도 하다. 쇼펜하우어가 인간 운명의 차이를 만들 수 있는 근거로 제시한 세 가지 근본규정의 순위를 통해서 운명의 차이가 인간의 외부보다는 인간의 내부와 더 본질적인 관계에 있음을 알 수 있다.

이뿐만 아니라 쇼펜하우어는 고된 삶의 노고에서 벗어나 비로소 여유를 찾을 때 뜻밖에 찾아오는 복병인 지루함과의 싸움에서 사용할 다양한 기예를 제시할 때, 그는 인간이 지루해지는 대신 자신의 인생을 즐겁게 향유할 수 있는 세 가지 원천이 모두 인간 안에 있음을 우리에게 알려준다. 향유의 원천으로 제시한 '재생력, 신체적 자극, 정신적 감수성'은 모두 인간 밖이 아니라 인간 안에 있는 것이다. 그것들이 인간 밖이 아니라 인간 안에 있다는 것은 그것들이 인간이 본래 지닌 것이라는 의미다.

인간이 이를 본래부터 갖고 있을 수 있었던 이유는 그것이 자연으로부터 부여받은 것이기 때문이다. 자연이 지닌 풍요를 상징하는 것은 대지이자 대지의 정령이다. 대지와 대지의 정령을 이루고 있는 것은 다름 아닌 흙이다.

이처럼 인간의 노력 없이 인간이라는 이유 하나만으로도 인간이 지닌 천연의 자산인 흙을 우리는 얼른 벗어나야 할 것으로 간주하지는 않았는가? 그리하여 흙 대신 은을, 은보다는 금을 선호하는 미다스 왕으로 역변하고 있지는 않은가? 흙이 없다면 은도 금도 가능하지 않을 것이다. 흙이나 흙으로 이루어진 대지는 현존재, 즉 다자인$_{Dasein}$으로서 인간의 가장 근본적인 장소이자 인간 자신이다.

인간은 한계적 존재이기에 인간의 행복에 한계가 있듯이 불행에도 한계가 있기 마련이다. 한계가 있다는 것은 행복도 끝이 있고 불행도 끝이 있다는 것이자, 그 끝에 이르기 이전에 존재하는 수많은 시간과 장소를 인간이 경유한다는 것을 의미한다. 행복한 시간과 장소를 가능하면 깊이 향유할 수 있는 능력, 불행조차도 나의 불행인 까닭에 기꺼이 그 불행 곁에 머물러 자신의 곁에 함께하는 인생이 덜 고통스럽고 더 행복한 인생임을 쇼펜하우어는 우리에게 말하고자 한다.

쇼펜하우어 철학은 야누스적 얼굴을 지니고 있다. 그의 염세주의 철학은 인간의 불행을 과대평가하지 않는다. 그의 행복론 또한 행복을 과대 포장하지 않는다. 쇼펜하우어는 세상의 민낯을 고찰하고자 하며, 인간의 민낯이 지닌 모습을 단순히 하나로만 보여주는 것이 아니라 불행과 기쁨 사이에 있는 다양한 얼굴들, 인생의 풍부한 차이를 우리에게 보여준다.

이렇듯이 인생이 야누스적이기에 쇼펜하우어 철학도 야누스적이다. 쇼펜하우어 철학의 정체성이 세상이 지닌 다양한 얼굴을 닮아가는 것은 당연한 현상이다.

인간은 행복하지만도 않고 불행하지만도 않다. 인간은 늘 행복과 불행 사이 어디쯤의 상황에 처하는데, 그 처함을 결정하는 것은 절반은 자연이겠지만 절반은 인간 자신일 것이다. 인간은 자기 운명의 차이를 만들 수 있는 근거를 자신 안에도 지니고 있으므로 인간은 생각하는 것보다 더 많은 행복을 자신으로부터 길어 올릴 수 있다. 인간은 향유의 원천을 자신 안에 지니고 있다. 그런 까닭에 인간이 생각하는 것보다 외적인 것에 덜 의존하고도 더 즐겁게 살 수 있다.

  쇼펜하우어는 〈삶의 지혜를 위한 아포리즘〉을 통해 고된 삶에 노출된 인생이 가능한 한 더 행복해질 수 있도록 하는 행복한 인생의 사용 설명서를 우리와 공유한다. 그는 그 사용 설명서를 우리에게 지시하거나 권장하기보다는 그저 철학자로서 그가 삶에 대해 고찰한 것을 우리와 공유할 뿐이다. 그것의 사용 여부나 정도는 오롯이 우리 독자의 고유한 몫이다.

행복은 얻기 쉬운 것이 아니다.
우리 자신 안에서 행복을 얻기란 매우 어렵고,
다른 곳에서 행복을 얻기란 아예 불가능하다.

샹포르 Nicolas Sebastien de Chamfort

쇼펜하우어, 『소품과 여록 Parerga und Paralipomena』 중

Schopenhauer

— 미주 —

1. Arthur Schopenhauer(2017). *SCHOPENHAUER'S Sämtliche Werke in fünf Bänden*, Parerga und Paralipomena Band 1. Inselverlag. (쇼펜르『성격과 일화』재인용)
2. 위의 책, 제1장 기본분류
3. 위의 책, 제2장 인간의 정체성에 관하여
4. 위의 책, 제1장 기본분류
5. 위의 책, 제3장 인간이 가진 것
6. Arthur Schopenhauer(2008). *Die Welt als Wille und Vorstellung Gesamtausgabe*. dtv Verlagsgesellschaft mbH & Co. KG. (『의지와 표상으로서의 세계』, 제4권 §60.)
7. Arthur Schopenhauer(2017). *SCHOPENHAUER'S Sämtliche Werke in fünf Bänden*. Inselverlag. (『소품과 여록』제1권, 여섯째 소품, 〈삶의 지혜를 위한 아포리즘〉, 제4장 인간이 표상한 것에 관하여)
8. 오비디우스(2005), 이윤기 옮김, *변신 이야기/Metamorphoses1*, 민음사.
9. Arthur Schopenhauer(2017). *SCHOPENHAUER'S Sämtliche Werke in fünf Bänden*, Parerga und Paralipomena Band 1. Inselverlag. (쇼펜르『성격과 일화』재인용)
10. 위의 책, 제4장 인간이 표상한 것에 관하여
11. 위의 책.
12. 위의 책.
13. 위의 책.

14. 위의 책.
15. 위의 책.
16. 위의 책, 제1장 기본분류
17. 위의 책, 제4장 인간이 표상한 것에 관하여
18. Arthur Schopenhauer(2017). *SCHOPENHAUER'S Sämtliche Werke in fünf Bänden*, Parerga und Paralipomena Band 1. Inselverlag. (쇼펜르『성격과 일화』재인용)
19. 위의 책, 제2장 인간의 정체성에 관하여
20. 위의 책.
21. Arthur Schopenhauer(2008). *Die Welt als Wille und Vorstellung Gesamtausgabe*. dtv Verlagsgesellschaft mbH & Co. KG. (『의지와 표상으로서의 세계』, 제1권 §1.)
22. 위의 책, 제2권 §27.
23. 위의 책, 제2권 §38.
24. Arthur Schopenhauer(2017). *SCHOPENHAUER'S Sämtliche Werke in fünf Bänden*. Inselverlag. (『소품과 여록』제1권, 여섯째 소품, 〈삶의 지혜를 위한 아포리즘〉, 제2장 인간의 정체성에 관하여)
25. 루크레티우스(2012), 강대진 옮김, 『사물의 본성에 관하여』제3권, 1060-1067행, 아카넷. (쇼펜하우어, 1851 재인용)

26. Arthur Schopenhauer(2017). *SCHOPENHAUER'S Sämtliche Werke in fünf Bänden*. Inselverlag. (『소품과 여록』 제1권, 여섯째 소품, 〈삶의 지혜를 위한 아포리즘〉, 제2장 인간의 정체성에 관하여)
27. 위의 책.
28. 위의 책.
29. 위의 책.
30. 위의 책.
31. 위의 책.
32. 위의 책.
33. Arthur Schopenhauer(2008). *Die Welt als Wille und Vorstellung Gesamtausgabe*. dtv Verlagsgesellschaft mbH & Co. KG. (『의지와 표상으로서의 세계』, 제2권 §35.)

Schopenhauer

★ 메이트북스는 독자의 꿈을 사랑합니다.

살아갈 힘을 주는 불교의 가르침
부처의 인생 수업
석가모니 지음 | 값 15,500원

불교는 단순한 종교를 넘어 '삶의 방식'으로 재조명되고 있다. 불경 중에서 부처의 목소리를 가장 생생하게 담아냈으며 일반인들이 읽기 좋은 『숫타니파타』와 『법구경』을 편역한 이 책에는 어려운 용어들에 역주를 달고 현대인들을 위한 정보만을 엄선해 보다 실천적으로 받아들일 수 있도록 구성했다. 이 책을 통해 내면의 평화를 찾기 위한 지혜를 얻을 수 있을 것이다.

군중의 심리와 행동에 대한 날카롭고도 위대한 통찰
귀스타브 르 봉의 군중심리
귀스타브 르 봉 지음 | 값 12,000원

똑똑한 개인이라도 집단 속에 들어가면, 군중의 일부가 되면 왜 그리 비이성적이고 충동적으로 변하는 걸까? 사회심리학의 영원한 고전 『귀스타브 르 봉의 군중심리』가 초역본으로 재탄생되었다. 현대에도 이 책은 여전히 인간과 사회에 대한 예리하고 깊은 고찰을 제공하며, '군중'이라는 틀 속에서 사회 구성원의 행태를 이해하는 데 큰 도움을 주는 매우 귀중한 자료이다. 이 책이 단순한 지식 전달을 넘어, 인간과 사회에 대한 깊은 성찰을 제공하는 계기가 되어줄 것이다.

스스로 돕는 것은 언제나 강력한 힘이 된다
새뮤얼 스마일즈의 인생 수업
새뮤얼 스마일즈 지음 | 값 15,000원

누구나 인생에서 마주할 수 없는 역경을 잘 극복해서 성공하고 행복하기를 꿈꾼다. 새뮤얼 스마일즈의 『자조론(Self-Help)』에서 현대인들에게 꼭 필요한 '자조(自助)'의 원칙만을 선별해 담은 이 책은 그 해답을 알려준다. '스스로 돕는다'는 자조의 정신을 보인 대가들이 자기 수양을 하고 인격을 쌓아 역경을 성공적으로 극복한 실제 사례들을 모아 그 방법과 중요성을 설파한다. 자기 자신을 잘 돌보고 목표를 성취하기 위한 동기부여가 필요하다면 이 책이 도움이 될 것이다.

인간의 행복은 어디에서 오는가
아리스토텔레스의 인생 수업
아리스토텔레스 지음 | 값 15,000원

당신은 행복한가? 어떤 삶이 행복한 삶일까? 이 책은 행복이 무엇이며, 어디에서 비롯되는지를 정리한 아리스토텔레스의 『니코마코스 윤리학』을 재편역한 것으로, 현시대 독자들이 쉽게 접근할 수 있는 내용을 엄선해 담았다. 다소 난해하고 관념적인 내용과 현시대와 맞지 않은 내용들은 덜어내고 정리했다. 지금 삶의 목적과 방향을 모르겠다면, 진정으로 행복하게 살고 싶다면 읽어야 할 책이다.

살아갈 힘을 주는 니체 아포리즘
니체의 인생 수업
프리드리히 니체 지음 | 값 15,000원

내가 살아가는 목적을 모르겠다면, 현재의 삶이 괴롭고 고통스럽다면 니체의 생생한 목소리를 담은 이 책을 읽자! 채우기보다는 비워내 나 자신을 찾아 삶의 위기를 의연하게 이겨내길 당부하는 니체 특유의 디톡스 철학, 생(生) 철학이 고된 우리의 현실을 이겨내고 다시 살아갈 힘을 준다. 이 책에는 우리가 알아야 할 인생의 모든 지혜가 담겨있다. 겉만 번지르르한 관념적인 인생 조언이 아니라 냉엄한 현실을 살아가는 데 도움이 되는 생생하고 구체적인 실천 수칙들이 가득하다.

〈타임〉 선정 최고의 자기계발서
데일 카네기의 인간관계론
데일 카네기 지음 | 값 11,000원

워런 버핏, 존 F. 케네디, 버락 오바마 등 세계적 리더들에게 많은 영감과 도움을 준 이 책은 '시대를 초월한 인간관계 지침서'로 평가받는 위대한 책이다. 그 이유는 인간의 본성을 꿰뚫는 예리한 통찰로 인간관계를 유지하는 데 실질적인 해답을 주기 때문이다. 메이트북스는 생소하고 시대에 맞지 않는 내용을 편역하면서 가독성을 높였다. 이 편역서는 독자들에게 주옥같은 내용을 다시금 되새겨볼 수 있고, 카네기의 철학을 만끽할 수 있는 기회를 제공할 것이다.

사람의 마음을 움직이는 38가지 설득 요령
쇼펜하우어의 내 생각이 맞다고 설득하는 기술
아르투어 쇼펜하우어 지음 | 값 13,500원

이 책은 대화하는 사람들의 내면에 잠재된 인간 본성을 들춰냄으로써 인간의 오류를 예리하게 지적한다. 나아가 논리학에서 다루는 쟁점 사항인 객관적인 진리에 도달하기 위해, 궁극적으로 상대로부터 몰아치는 공격에서 허위와 기만의 껍새를 포착하고 그것에 적절히 대처할 수 있어야 한다고 당부한다. 이 책은 그러한 위험 신호를 감지하는 민첩성과 예민함을 길러주는 훌륭한 지침서가 되어줄 것이다.

살아갈 힘을 주는 쇼펜하우어 아포리즘
쇼펜하우어의 인생 수업
아르투어 쇼펜하우어 지음 | 값 14,900원

행복과 인생의 본질, 인간관계의 본질, 학문과 책의 본질 등 인생 전반에 대한 쇼펜하우어의 직설적인 조언을 담은 인생 지침서다. 쇼펜하우어는 이 책에서 인생은 고통 그 자체지만 이 고통이 살아갈 힘을 준다고, 부는 행복에 큰 영향을 끼치지 않는다고, 남에게 평가받기 위해 인생을 낭비하지 말라고, 불행은 혼자 있을 수 없는 데서 생기기에 인간은 고독해야 한다고 전한다.

살아갈 힘을 주는 세네카 아포리즘
세네카의 인생 수업
루키우스 안나이우스 세네카 지음 | 값 14,500원

세네카가 남긴 12편의 에세이 중 대중들에게 가장 널리 알려진 6편의 에세이를 한 권으로 엮어 펴낸 책이다. 현대의 독자들이 이해하기 힘들거나 시대적·역사적·문화적으로 거리가 먼 내용들은 삭제하고, 현대인들이 실질적으로 자신들의 삶에 적용할 수 있을 만한 핵심 내용만을 추려 간결하고 압축된 형식으로 소개한다. 원서에는 각 칼럼의 제목도 없었으나 편역 과정에서 새롭게 추가해 독자들의 명쾌한 이해를 돕고자 했다.

인간에 대한 위대한 통찰
몽테뉴의 수상록
몽테뉴 지음 | 값 12,000원

가볍지도 과하지도 않은 무게감으로 몽테뉴는 세상사의 다양한 주제들에 대해 본인의 견해를 자신 있고 담담하게 풀어낸다. 이 책을 읽으며 나의 판단이 바른지, 내가 지금 제대로 살고 있는지, 앞으로 어떻게 살아야 하는지 등을 수없이 자문해보자. 원초적인 동시에 삶의 골자가 되는 사유를 함으로써 의식을 환기하고 스스로를 성찰하며 인생의 전반에 대해 배우는 계기가 될 것이다.

자기를 온전히 믿고 살아가라
에머슨의 자기 신뢰
랠프 월도 에머슨 지음 | 값 12,000원

이 책은 인간이 자기 신뢰를 기초로 행동함으로써 더 나은 성취를 이룰 수 있다는 깊은 통찰이 담긴 에세이다. 에머슨은 '자신을 믿는 사람은 세계에서 가장 강한 사람'이라고 말한다. 자기 신뢰를 실천하면 내 안에 잠들어 있던 놀라운 힘을 발견하게 된다는 것이다. 이 책을 읽는 독자는 자신을 믿고 자신의 능력에 자부심을 가짐으로써 더 큰 성공을 얻고 만족스러운 삶을 살아갈 수 있을 것이다.

자신과 마주하고 지혜롭게 살아가기
아우렐리우스의 명상록
마르쿠스 아우렐리우스 지음 | 값 11,000원

마르쿠스 아우렐리우스는 로마제국을 20년 넘게 다스렸던 16대 황제이다. 그는 로마에 있을 때나 게르만족을 치기 위해 진영에 나가 있을 때 스스로를 반성하고 성찰하는 내용을 그리스어로 꾸준히 기록했다. 그 결과물이 바로 『명상록』이다. 마음가짐을 어떻게 가져야 하는지, 삶과 죽음에 대한 바람직한 태도는 무엇인지, 변하지 않는 세상의 본질은 무엇인지 등을 들려주고 있어 곱씹고 음미하면서 책장을 넘기게 될 것이다.

우리는 어떻게 살아야 하는가
발타자르 그라시안의 인생 수업

발타자르 그라시안 지음 | 12,000원

이 책은 스페인의 대철학자 발타자르 그라시안의 인생에 대한 뛰어난 통찰력과 인간관계의 본질에 대한 직설적인 조언을 담은 인생지침서다. 발타자르 그라시안은 좋은 사람인 척 살아가기 보다는 세상의 본질을 알고 지혜를 갖출 때 내 삶은 행복해진다는 메시지를 전하고 있다. 이 책에서 만날 수 있는 현명하고 솔직한 직언으로 자기 자신의 모습을 되돌아보며 삶을 살아갈 힘을 얻어보자.

어떻게 살아야 행복할 수 있는가
톨스토이의 인생론

레프 톨스토이 지음 | 값 11,000원

레프 톨스토이는 세계적인 대문호이자 위대한 사상가이기도 하다. 그는 인생에 대해 끊임없이 고뇌하고 거기서 얻은 사상을 현실에서 구현하려고 노력했다. 15년에 걸쳐 집필한 결과물이 바로 이 책 『인생론』이다. 이 책은 톨스토이가 직접 쓴 글은 물론이고 동서양을 막론한 수많은 작품과 선집에서 톨스토이가 직접 선별한 내용을 담고 있다. 인생의 지혜를 톨스토이 특유의 짧고 간결한 문장으로 만나볼 수 있을 것이다.

무엇을 위해 살고, 무엇을 사랑할 것인가?
위대한 철학자들의 죽음 수업

몽테뉴 외 지음 | 값 15,000원

이 책은 위대한 철학자 5인의 '죽음에 대한 생각'을 한 권의 책으로 묶어낸 고전 편역서다. 고대에서부터 현대까지 수많은 철학자들이 답을 찾고자 매달려온 철학적 주제이자, 영원히 풀리지 않은 숙제인 '죽음'에 대한 남다른 고찰이 엿보인다. 책을 관통하는 메시지는 '죽음에 대한 이해를 통해 삶을 더욱 온전히 이해할 수 있다'는 것이다. 철학자들의 죽음 수업은 죽음을 이해하고 현명한 삶을 살게 하는 열쇠가 되어줄 것이다.

인생을 어떻게 살아야 할 것인가
에픽테토스의 인생을 바라보는 지혜

에픽테토스 지음 | 값 12,000원

내면의 자유를 추구했던 에픽테토스의 철학과 통찰을 담았다. 현실에 적용 가능한 구체적이고 실천적인 에픽테토스의 철학을 내면에 습득해 필요한 상황이 올 때마다 반사작용처럼 적용할 수 있다면, 그 어떤 역경과 어려움 앞에서도 굴하지 않고 꿋꿋하게 살아남아 최후의 승리자가 될 수 있을 것이다. 현실에 좌절하고 힘들어하는 모든 현대인들에게 에픽테토스의 철학이 담긴 이 책을 권한다.

■ 독자 여러분의 소중한 원고를 기다립니다

메이트북스는 독자 여러분의 소중한 원고를 기다리고 있습니다. 집필을 끝냈거나 집필중인 원고가 있으신 분은 khg0109@hanmail.net으로 원고의 간단한 기획의도와 개요, 연락처 등과 함께 보내주시면 최대한 빨리 검토한 후에 연락드리겠습니다. 머뭇거리지 마시고 언제라도 메이트북스의 문을 두드리시면 반갑게 맞이하겠습니다.

■ 메이트북스 SNS는 보물창고입니다

메이트북스 홈페이지 matebooks.co.kr

홈페이지에 회원가입을 하시면 신속한 도서정보 및 출간도서에는 없는 미공개 원고를 보실 수 있습니다.

메이트북스 유튜브 bit.ly/2qXrcUb

활발하게 업로드되는 저자의 인터뷰, 책 소개 동영상을 통해 책에서는 접할 수 없었던 입체적인 정보들을 경험하실 수 있습니다.

메이트북스 블로그 blog.naver.com/1n1media

1분 전문가 칼럼, 화제의 책, 화제의 동영상 등 독자 여러분을 위해 다양한 콘텐츠를 매일 올리고 있습니다.

STEP 1. 네이버 검색창 옆의 카메라 모양 아이콘을 누르세요.   STEP 2. 스마트렌즈를 통해 각 QR코드를 스캔하시면 됩니다.
STEP 3. 팝업창을 누르시면 메이트북스의 SNS가 나옵니다.